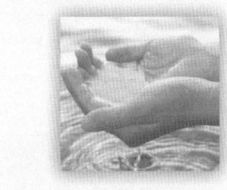

PREGAÇÃO
Pura e Simples

STUART OLYOTT

PREGAÇÃO
Pura e Simples

FIEL
Editora

O53p　　　Olyott, Stuart, 1942-
　　　　　　　Pregação pura e simples / Stuart Olyott ; [tradução:
　　　　　　Francisco Wellington Ferreira]. – 3. reimpr. – São José
　　　　　　dos Campos, SP: Fiel, 2018.

　　　　　　157 p.
　　　　　　Tradução de: Preaching pure and simple.
　　　　　　ISBN 9788599145401

　　　　　　1. Pregação. I. Título.

　　　　　　　　　　　　　　　　　　　　　　　　　　　CDD: 251

Catalogação na publicação: Mariana C. de Melo Pedrosa – CRB07/6477

PREGAÇÃO PURA E SIMPLES

Traduzido do original em inglês:
Preaching Pure and Simple
©2005 by Stuart Olyott.

•

Traduzido e impresso com permissão
de Bryntirion Press - País de Gales -
Reino Unido.

•

Copyright © 2008 Editora Fiel
1ª Edição em Português - 2008

Todos os direitos em língua portuguesa
reservados por Editora Fiel da
Missão Evangélica Literária
PROIBIDA A REPRODUÇÃO DESTE LIVRO POR
QUAISQUER MEIOS, SEM A PERMISSÃO ESCRITA
DOS EDITORES, SALVO EM BREVES CITAÇÕES,
COM INDICAÇÃO DA FONTE.

•

Diretor: Tiago J. Santos Filho
Editor: Tiago J. Santos Filho
Tradução: Francisco Wellington Ferreira
Revisão: Laura Macal e Marilene Paschoal
Capa e diagramação: Edvânio Silva
ISBN: 978-85-99145-40-1

FIEL
Editora

Caixa Postal, 1601
CEP 12230-971
São José dos Campos-SP
PABX.: (12) 3919-9999
www.editorafiel.com.br

Este livro é dedicado à
memória de Hugh David
Morgan (1928-1992),
que já foi descrito como
"o pastor mais amado do
País de Gales"

Índice

Introdução 9

Parte 1
O que é Pregação? 13

Parte 2
O que Torna a Pregação Excelente?
   1 Exatidão Exegética 29
   2 Conteúdo Doutrinário 49
   3 Estrutura Clara 67
   4 Ilustrações Vívidas 83
   5 Aplicação Penetrante 101
   6 Pregação Eficiente 115
   7 Autoridade Sobrenatural 131

Parte 3
Sugestão de um Método de Preparação de Sermões 149

Introdução

John está em seus vinte anos de idade e Jack tem quase cinquenta, mas se tornaram bons amigos. Eles não se conheciam, até se encontrarem em uma série de seminários mensais sobre pregação, em uma cidade vizinha. Essas reuniões mensais lhes proporcionaram não somente uma nova amizade, como também mudaram as suas vidas para sempre.

Antes de assistir aos seminários, John nunca havia pregado. Ele pensara no assunto por muito tempo, mas nunca soubera como começar. Mas, o que é realmente pregar? Qual a diferença entre um sermão e uma palestra? Por que algumas pregações são poderosas e cativantes, enquanto outras são enfadonhas e monótonas? Quais os elementos essenciais de um bom sermão? Os seminários responderam as perguntas de John e o colocaram no rumo certo. Hoje, ele prega com regularidade e seu ministério realiza uma boa obra espiritual.

A história de Jack é muito diferente. Antes de assistir aos seminários, ele estivera envolvido na pregação por mais de vinte anos. Apesar disso, sentia que precisava melhorá-la. Havia lido alguns livros sobre o assunto e buscara o conselho de algumas pessoas. Por que os seus sermões pareciam não alimentar ninguém? Por que as pessoas se desligavam mentalmente, quando ele ainda estava nos minutos iniciais de seu sermão? E, o que é mais importante, por que Jack conhecia tão poucas pessoas transformadas por seus sermões? Os seminários trouxeram-lhe alívio intenso, colocando tudo em ordem ao fazerem no livrar-se de coisas desnecessárias, preservando as essenciais. Agora, muitas pessoas agradecem ao Senhor pela poderosa pregação de Jack.

Os seminários foram bem modestos. Cada um deles consistia em uma palestra introdutória que não apresentava nenhuma novidade e devia muito ao discernimento de outros. Então, era seguido por perguntas e meia hora de discussão orientada. Mas, os Johns e os Jacks que frequentaram aquelas reuniões se referem a elas com frequência e usam o material dos seminários para avaliarem não somente a si mesmos, mas também uns aos outros. Eles pediram que a essência do que aprenderam fosse colocada na forma de um livro. Eis o livro.

Stuart Olyott
Movimento Evangélico do País de Gales
Bryntirion, Bridgend
Novembro de 2004

Parte 1

O que é Pregação?

O que é Pregação?

Se alguém gastasse uma semana lendo toda a Bíblia e, na semana seguinte, se familiarizasse com os principais acontecimentos da história da igreja, o que observaria? Que a obra de Deus no mundo e a pregação estão intimamente ligadas. Onde Deus age, ali a pregação floresce. Em todos os lugares em que a pregação é menosprezada ou está ausente, ali a causa de Deus passa por um tempo de improdutividade. O reino de Deus e a pregação são irmãos siameses que não podem ser separados. Juntos, eles permanecem de pé ou caem.

O que isto significa para nós? Significa que, se temos um desejo sério de ver Deus sendo adorado mais do que Ele realmente o é, precisamos nos interessar ardentemente pelo assunto da pregação. Isto será verdade, quer sejamos pregadores, quer não. Se pregamos, desejaremos fazê-lo melhor. Se não pregamos, desejaremos fazer tudo o que pudermos para ajudar e encorajar aqueles que pregam.

Então, o que é pregação? Ficamos admirados ao observar quão poucas pessoas são capazes de apresentar uma resposta exata a esta pergunta. Isto é verdade até entre aqueles que pregam durante muitos anos! O problema é que muitas pessoas têm formulado sua ideia de pregação a partir do que ouvem e lêem, e não a partir de um estudo atencioso das Escrituras.

Quatro palavras do Novo Testamento que significam pregar

O Novo Testamento descreve a pregação usando mais de sessenta maneiras diferentes, porém reserva um lugar especial para quatro palavras.[1] Ao escrever sobre elas, usarei a sua forma verbal, mas terei em mente outras palavras da mesma família. Por exemplo, quando uso *kerusso* ("pregar"), também tenho em mente *kerygma* ("a mensagem pregada") e *keryx* ("um arauto"). Portanto, consideremos estas quatro palavras e vejamos de que forma elas nos ajudam a compreender o que é *pregação*. Talvez alguns de nós devamos nos preparar para uma surpresa!

(1) kerusso

Nenhuma outra palavra que significa pregar é mais importante do que esta. Ela sempre nos ocorre quando falamos sobre pregação. É usada mais de sessenta vezes no Novo Testamento. Significa "declarar, como o faz um arauto". Refere-se à mensagem de um rei. Quando um soberano tinha uma mensagem para seus súditos, ele a entregava aos arautos. Estes a transmitiam às pessoas sem mudá-la ou corrigi-la. Simplesmente transmitiam a mensagem que lhes havia sido entregue. Os ouvintes sabiam que estavam recebendo uma proclamação oficial.

O Novo Testamento usa este verbo para enfatizar que o pregador não deve anunciar sua própria mensagem. Ele fala como porta-voz de Outrem. A ênfase desta palavra está na *transmissão* exata da mensagem. O pregador não fala com sua própria autoridade. Ele *foi enviado* e fala com a autoridade dAquele que o enviou. Palavras da família de *kerusso* são usadas para descrever a pregação de Jonas (Mt 12.41), de João Batista (Mt 3.1), de nosso Senhor Jesus Cristo ("proclamar" e "apregoar" — Lc 4.18b-19) e de seus apóstolos ("pregador" — 1 Tm 2.7; 2 Tm 1.11).

(2) euangelizo

Esta é a palavra da qual obtivemos a nossa palavra "evangelizar". O verbo grego significa "trazer boas notícias" ou "anunciar boas-novas". Em Lucas 2.10, onde lemos que o anjo disse: "Eis aqui vos *trago boa-nova*...", ele usou este verbo. Mas é importante observar que *kerusso* e *euangelizo* não significam algo totalmente diferente. Muitas pessoas abraçaram a ideia de que esses verbos falam sobre duas atividades separadas. Apegaram-se a esta ideia sem estudar as Escrituras, para saber o que elas dizem a respeito do assunto. Assim, desenvolveram pontos de vista errados quanto à pregação.

Precisamos considerar com atenção Lucas 4.18-19. Estes versículos descrevem nosso Senhor falando na sinagoga de Nazaré, a cidade da Galileia na qual Ele fora criado. Nosso Senhor começou a sua mensagem lendo o profeta Isaías. Ele escolheu uma passagem que, centenas de anos antes, predissera o seu ministério. Não há dúvida de que sua leitura ocorreu em língua hebraica, mas Lucas narrou o acontecimento usando a língua grega. No versículo 18a, "evangelizar" é uma forma do verbo *euangelizo*, enquanto nos versículos 18b e 19, "proclamar e anunciar" são formas do verbo *kerusso*. Nosso Senhor usou ambos os verbos para descrever seu ministério. Ao fazer um, Ele fazia também o outro. "Proclamar" é "evangelizar", que, por sua vez, é "proclamar"!

"Evangelizar" pode até ser usado em referência a algo que fazemos aos crentes! Isto pode ser visto, por exemplo, em Romanos 1.15. Depois de saudar os seus leitores, que eram crentes, no versículo 7, e de apresentar as informações dos versículos 8-14, Paulo continuou: "Quanto está em mim, estou pronto a anunciar o evangelho também a vós outros que estais em Roma". A expressão "anunciar o evangelho" é uma tradução do verbo *euangelizo*. Paulo iria a Roma para evangelizar aqueles que já eram convertidos! É tempo de pensarmos novamente a respeito de como usamos nossas várias palavras que expressam a ideia de pregar.

3) martureo

Este verbo significa "dar testemunho dos fatos". Hoje, porém, quando os crentes falam sobre *testemunhar*, o que eles geralmente querem dizer? Com frequência, usam esta palavra a fim de descrever aqueles momentos em que contam aos outros sua experiência pessoal com o Senhor. Na Bíblia, *martureo* não é usado dessa maneira, em nenhuma ocasião. Muito frequentemente, esse verbo é usado ao dar testemunho no tribunal. Em outras ocasiões, *martureo* é usado com o sentido de invocar a Deus (ou mesmo pedras) para testemunhar algo. Esse verbo se refere completamente à objetividade, e não à subjetividade; refere-se a contar às pessoas fatos e acontecimentos, e não os *meus* sentimentos ou o que aconteceu a *mim*.

Quem já tomou tempo para estudar a Septuaginta (a antiga tradução grega do Antigo Testamento) sabe que as afirmações do parágrafo anterior são verdadeiras. Um estudo do Novo Testamento nos leva rapidamente à mesma conclusão. No relato de João, quando a mulher samaritana usou *martureo* ("anunciara" — Jo 4.39), ela se referiu ao conteúdo de uma conversa. Em 1 João 1.2, quando o apóstolo empregou *martureo* ("damos testemunho"), ele falava do que vira e ouvira. Em Atos 26.5, quando Paulo usou *martureo* ("testemunhar"), ele o fez porque estava apelando a um testemunho diante de uma corte.

Mas, ao estudarmos esta palavra, existe uma passagem que é sobremodo relevante. A passagem é Lucas 24.44-48. Nestes versículos, nosso Senhor ressuscitado está dizendo aos discípulos o que deveriam fazer. Deveriam sair por todo o mundo pregando (*kerusso*) o arrependimento e a remissão dos pecados (v. 47 — "pregasse") e sendo *testemunhas* (uma palavra da família de *martureo*) dos grandes fatos do evangelho, que eles mesmos presenciaram (v. 48). Aqueles que proclamam dão testemunho; e aqueles que dão testemunho proclamam. E, se olhássemos Mateus 28.20, perceberíamos que os receptores da Grande Comissão também deveriam ensinar (*didasko*).

A que conclusão chegamos? Aprendemos que *kerusso* não é algo separado de *euangelizo*. Também aprendemos que *kerusso* não é algo separado de *martureo*. E agora temos aprendido que *kerusso* e *martureo* não são atividades divorciadas de *didasko* — nossa quarta grande palavra — à qual nos volveremos em seguida.

Por favor, observe: não estou dizendo que estas palavras são intercambiáveis. Estou mostrando que, ao fazermos algumas destas coisas, fazemos também as outras — visto que pregar inclui *todas* elas! Este é um argumento que não podemos enfatizar demais. Adiante, ressaltaremos novamente este argumento. Por enquanto, devemos considerar nossa quarta palavra.

4) didasko

Esta palavra significa "pronunciar em termos concretos o que a mensagem significa em referência ao viver". É um erro grave separar *kerygma* (uma palavra da família de *kerusso*) de *didache* (uma palavra da família de *disdasko*). Não são apenas os teólogos eruditos que têm procurado fazer isso, pois há inúmeros crentes, em nossas igrejas, que fazem uma clara distinção entre uma "mensagem evangelística" e uma "mensagem doutrinária". Logo falaremos um pouco mais sobre isso.

"Pronunciar em termos concretos o que a mensagem significa em referência ao viver" não deve ser um mero acréscimo à nossa pregação; deve ser uma parte da mensagem que proclamamos. Isto pode ser comprovado ao lermos Atos dos Apóstolos. Em Atos 5.42, lemos que os apóstolos não cessavam "de ensinar e de pregar" (*didasko* e *euangelizo*) a Jesus, o Cristo. Em Atos 15.35, lemos que Paulo e Barnabé demoraram-se em Antioquia, "ensinando e pregando" (*didasko* e *euangelizo*), a palavra do Senhor. Em Atos 28.31, lemos que Paulo usou sua casa em Roma para pregar e ensinar (*kerusso* e *didasko*). Precisamos ser sensíveis ao vocabulário do relato inspirado. Quando alguém faz o que significa um desses verbos, essa pessoa está fazendo, ao mesmo tempo, o que significa algum outro deles!

Precisamos dizer mais do que isso. Se compararmos Atos 19.13 com Atos 19.8, veremos que Paulo, ao pregar (*kerusso*) em Éfeso, também "falava ousadamente, dissertando e persuadindo". Desta maneira, Lucas nos mostra que, quando alguém prega (*kerusso*), está fazendo muito mais do que os outros três verbos expressam. Seguir esta linha de pensamento nos levaria a um estudo que vai além do escopo deste livro. Mas, antes de deixarmos Atos dos Apóstolos, devemos observar Atos 20.24-25. Nesta passagem, Paulo explicou aos presbíteros de Éfeso que dar testemunho solene do evangelho ("testemunhar" — uma palavra da família de *martureo*) foi algo que ocorreu enquanto ele esteve "pregando" (*kerusso*).

O que isto significa para nós

Estamos em perigo de dar muita atenção aos detalhes e não entender o que é realmente importante. Que argumento estamos, de fato, procurando estabelecer? É este: quando alguém prega, não importa o lugar em que esteja ou para quem está falando, está fazendo todas as quatro coisas que mencionamos. No Novo Testamento, não temos uma palavra que signifique pregar para o perdido e outra que signifique pregar para o salvo. Simplesmente não encontramos mensagens conhecidas como "mensagens doutrinárias", enquanto outras são conhecidas como "mensagens evangelísticas". Alguns leitores podem achar isto desagradável, mas não podemos alterar o que a Bíblia diz. A pregação, toda a pregação, envolve fazer quatro coisas de uma vez.

Se pudermos entender isso, muitas passagens das Escrituras nos atingirão de maneira diferente. Um bom exemplo é 2 Timóteo 4.1-5. Nestes versículos, Paulo escreveu suas palavras finais a alguém que, mesmo sendo jovem, já era um importante líder cristão. Paulo o instrui solenemente a pregar "a Palavra"! Nesse ponto, ele usou o verbo *kerusso*. Mas, por que Timóteo devia fazer isso? Por que viria o tempo em que as pessoas não suportariam a sã "doutrina" (uma palavra da família de *didasko*) e se cercariam de "mestres" (outra palavra da família de *didasko*). É óbvio que Paulo estava dizendo a Timóteo que pregar (*kerusso*) é a maneira de ensinar (*didasko*) a igreja e protegê-la do erro.

Mas isso não é tudo. Paulo exortou Timóteo a fazer o trabalho de um "evangelista" (uma palavra da família de *euangelizo*). É claro que Paulo queria dizer que, à medida que Timóteo pregasse (*kerusso*) e, consequentemente, ensinasse [*didasko*], deveria assegurar-se de que o verdadeiro evangelho (*euangelizo*) fosse mantido em primeiro plano. Assim, em um único parágrafo, vemos que três de nossas quatro palavras foram usadas para descrever a tarefa de Timóteo. Se ele era um verdadeiro pregador, não faria apenas uma dessas coisas e sim todas elas. Onde quer que encontremos a verdadeira pregação, várias coisas acontecem ao mesmo tempo.

Se não levarmos isso em conta, jamais seremos verdadeiros pregadores. Temos de nos livrar da ideia de que existem dois tipos de pregação: uma que é adequada ao não-convertido e outra que é conveniente para o convertido. De agora em diante, temos de rejeitar o pensamento de que pregar para o perdido e pregar para o salvo são dois fenômenos distintos. Não devemos estabelecer uma divisão entre um tipo e outro de pregação. *Toda* pregação é uma proclamação da salvação (no pleno sentido desse termo) a homens e mulheres, rapazes e moças. É verdade que a audiência pode ser constituída de pessoas muito diferentes. É verdade que os não-convertidos e os convertidos não têm as mesmas necessidades. Portanto, é verdade que a maneira como a Bíblia é aplicada pode variar consideravelmente. Mas *não* é verdade que a pregação ministrada aos não-convertidos possui uma natureza diferente da pregação apresentada aos convertidos. A ideia de que há dois tipos distintos de pregação (e de que algumas pessoas são boas para um tipo de pregação; e outras pessoas são boas para outro tipo de pregação) está impedindo as pessoas de todos os lugares a entenderem o que é a verdadeira pregação.

Resposta à nossa pergunta

Então, o que é pregação? A pregação, toda a pregação, é constituída de quatro coisas:
1. É proclamar a mensagem dada pelo Rei (*kerusso*). Isto nos fala sobre *a fonte* da mensagem e *a autoridade* que a acompanha.
2. É anunciar boas-novas (*euangelizo*). Isto nos fala sobre *a qualidade* da mensagem e *o espírito* com que ela é apresentada.
3. É dar testemunho dos fatos (*martureo*). Isto nos fala sobre *a natureza* da mensagem e *a base* na qual ela está construída.
4. É um esclarecimento das implicações da mensagem (*didasko*). Isto nos fala sobre *o alvo* da mensagem (a consciência do ouvinte) e *a medida* do seu sucesso (ela muda a vida de alguém?).

Enquanto não estivermos esclarecidos quanto a este assunto, nunca teremos pregado realmente, de modo algum. Portanto, a fim de tornar as coisas tão claras quanto possível, você virá comigo a uma igreja local? Ela não possui muitos membros, e, conforme pensamos, todos eles são verdadeiros crentes. Quando subo ao púlpito a fim de pregar para eles, o que faço?

Primeiramente, toda a minha mensagem é obtida nas Escrituras. Não a invento. Descobrirei o que o Rei afirma em sua Palavra e mostrarei *isso* aos membros da igreja. Isto é *kerusso*.

Talvez eu tenha de falar ousadamente sobre o pecado deles. Estas serão más notícias. Mas não os deixarei confusos, em desespero. Eu lhes mostrarei como a passagem os leva a Cristo, dizendo-lhes como Ele é, e o que fez em benefício dos pecadores. Isso afetará o modo como tudo é anunciado. Antes de terminar o culto, eles terão ouvido as boas-novas da graça de Deus. Isto é *euangelizo*.

Minha mensagem lhes falará sobre a data e os tempos do livro bíblico que estamos considerando; eu lhes darei abundância de informações factuais, quer sejam acontecimentos, geografia, cultura ou outras coisas. E o melhor de tudo: eles ouvirão novamente os grandes fatos da encarnação, da vida, morte, ressurreição e ascensão do Senhor Jesus Cristo. Não os deixarei tateando em um mundo abstrato. Isto é *martureo*.

Falarei diretamente à consciência deles. Mostrarei o que a passagem significa, mas não pararei ali. Eu lhes mostrarei o que a passagem significa para *eles*. E saberão de que maneira a passagem exige uma mudança em sua vida. Em nome de Cristo, insistirei no arrependimento. Apresentarei instruções práticas fundamentadas na Bíblia. Por último, lhes recordarei como eles prestarão contas a Deus mesmo. Isto é *didasko*.

Ao final, *terei pregado* porque fiz as quatro coisas que a Palavra de Deus exige de mim. E voltarei para casa. Contudo, no caminho de volta, encontrarei alguns adolescentes nas ruas. E, visto que vocês estão comigo, pararemos para conversar com eles. Vocês e eu sabemos que temos de suportar alguns momentos de insensibilidade. Também sabemos que eventualmente eles concordarão em ouvir o que temos a dizer-lhes. Então, onde começaremos?

Não inventarei o que devo dizer-lhes. Talvez não possamos abrir nossa Bíblia diante deles, mas tudo que dissermos virá do Livro. Transmitiremos, tão fielmente quanto possível, o que o Rei tem a dizer a jovens como esses. Isto é *kerusso*.

É claro que nos concentraremos nas grandes verdades do evangelho. Nós lhes falaremos a respeito de Deus, de suas exigências, do seu Filho, da necessidade de que se arrependam e creiam. Falaremos sobre a ira de Deus. E, com alegria, lhes proclamaremos o amor de Deus e o que Ele fez na cruz. Amaremos esses jovens enquanto conversarmos com eles. E todos eles saberão que a nossa mensagem é boas-novas. Isto é *euangelizo*.

Não seremos desviados de nossa tarefa. Contaremos a eles os fatos sobre a existência de Deus, o pecado deles, a vinda de Cristo, a sua expiação e a sua ressurreição, o fim do mundo e o que Deus promete àqueles que se convertem a Ele. Isto é *martureo*.

Incutiremos nossa mensagem com toda a energia que pudermos. Explicaremos que eles se perderão eternamente, se permanecerem como são. Nós lhes ordenaremos, exortaremos, convidaremos e apelaremos a que se arrependam de seus pecados e convertam-se a Cristo. Diremos a eles que não há nada mais importante do que isso. Insistiremos que precisam se arrepender e voltar-se para Cristo agora. Isto é *didasko*.

Assim, tanto na igreja como nas ruas, teremos feito as mesmas quatro coisas — *kerusso, euangelizo, martureo, didasko*. Daremos apenas um sermão, mas teremos pregado *duas vezes!* Passaremos por duas situações bem diferentes: uma na igreja, outra na rua. Falaremos a pessoas que são muito diferentes umas das outras, mas cujas necessidades profundas são as mesmas. Faremos aplicações diferentes. Experimentaremos resultados diferentes. Mas *não* teremos feito duas coisas diferentes. Apesar das diferenças enormes, no que concerne às situações, em ambas *teremos pregado!*

Algumas das características-chave da pregação do Novo Testamento

Portanto, já ficou claro o que *significa* a pregação. Agora, sabemos o suficiente sobre ela para descobrirmos se estamos realmente pregando ou não. Também já sabemos a respeito do espírito em que ela deve ser realizada. Mas seria errado terminar um capítulo introdutório como este, sem observarmos que o Novo Testamento enfatiza três características particulares da verdadeira pregação.

1) Compulsão

A primeira é *compulsão*. Existe algo no íntimo do pregador que o impulsiona à sua obra. Ele possui um constrangimento interior que é maior do que ele mesmo. Em seu coração, há um fogo que se recusa a extinguir-se. Ele não pode deixar de pregar. Ele *tem de* pregar. E clama: "Ai de mim, se não pregar o evangelho!" (1 Co 9.16). Quando ordenado a parar, o pregador declara como os apóstolos: "Não podemos deixar de falar das coisas que vimos e ouvimos" (At 4.20). Ele tem um senso de vocação que não encontra dificuldade para entender o que significavam as palavras de seu Senhor, quando disse: "Vamos a outros lugares, às povoações vizinhas, a fim de que eu pregue também ali, pois para isso é que eu vim" (Mc 1.38).

Onde não existe essa coerção interior, também não existe um verdadeiro pregador. Na Bíblia, o homem que proclama, anuncia, dá testemunho dos fatos e deseja atingir a consciência é um homem *impulsionado*. Nos recessos de sua alma, Deus o conquistou, e esse homem vive cada hora com a consciência de que foi *enviado*. A experiência é tão profunda que ele não encontra palavras para descrevê-la. O melhor que ele pode fazer é conversar a respeito do seu "chamado", embora nunca tenha escutado uma voz ou recebido uma visão.

Em circunstâncias normais, o "chamado" do pregador é reconhecido, de um modo ou de outro, pela igreja de Jesus Cristo. Este reconhecimento é designado, frequentemente, de "chamado exterior". Seria anormal um homem continuar pregando sem esse chamado. Todavia, muitas vezes, as igrejas evangélicas possuem tão pouco discernimento e maturidade; são tão mundanas e dominadas pelo pecado, que são incapazes de reconhecer um homem enviado dos céus. O homem que é verdadeiramente chamado não desistirá por causa disso. O fogo dado por Deus arderá tão intensamente como sempre ardeu. A energia interior impelirá esse homem. Ele pregará, pregará e pregará de novo, porque a compulsão de seu íntimo é invencível e o deixará sem opções.

2) Clareza

A segunda característica-chave é *clareza*. E tem de ser! Os arautos sempre falam na linguagem das pessoas que os ouvem. A boa-nova apresentada com palavras e frases difíceis não é boa-nova. Se os fatos são mostrados sem clareza parecerão ficção. E como alguma coisa pode ser incutida na consciência, se não pode ser entendida?

Os verdadeiros pregadores são pregadores de linguagem clara. Declaram a palavra do Rei; por isso, não atraem a atenção para si mesmos. Não permitem que nada obscureça a mensagem da cruz. Anseiam que cada ouvinte grave os fatos e não seja distraído pela maneira como estes são apresentados. Mostram-se resolutos a fazer com que ninguém tenha dúvidas quanto ao que se espera deles em seguida.

O apóstolo Paulo falou por todos os verdadeiros pregadores da Palavra, quando descreveu a sua pregação como uma proclamação franca da verdade (2 Co 4.2). Ele decidiu "pregar o evangelho; não com sabedoria de palavra, para que se não anule a cruz de Cristo" (1 Co 1.17). Eis uma descrição de seu ministério:

> Eu, irmãos, quando fui ter convosco, anunciando-vos o testemunho de Deus, não o fiz com ostentação de linguagem ou de sabedoria. Porque decidi nada saber entre vós, senão a Jesus Cristo e este crucificado. E foi em fraqueza, temor e grande tremor que eu estive entre vós. A minha palavra e a minha pregação não consistiram em linguagem persuasiva de sabedoria, mas em demonstração do Espírito e de poder, para que a vossa fé não se apoiasse em sabedoria humana, e sim no poder de Deus. (1 Co 2.1-5.)

3) Cristocêntrica

A terceira característica-chave é a centralidade de Cristo. E tem de ser. Isto é verdade, porque os pregadores são arautos da Escritura. E toda a Escritura fala sobre a pessoa de Cristo. Implícita ou explicitamente, direta ou indiretamente, cada parte da Bíblia nos revela Cristo. Em toda a Escritura, não há qualquer passagem que seja uma exceção.

O Espírito de Cristo moveu todos os autores do Antigo Testamento a escreverem os seus livros (1 Pe 1.10-12). O próprio Senhor Jesus esclareceu o Antigo Testamento para os seus discípulos e lhes explicou que Ele estava contido em cada parte das Escrituras (Lc 24.25-27, 44-48). Jesus é o grande assunto dos quatro evangelhos, de Atos dos Apóstolos, de todas as epístolas e do Apocalipse. Então, o que diremos a respeito de um pregador que abre a sua Bíblia e não prega a Cristo com base na passagem que tem diante de si? Esse pregador não entendeu o Livro; e, se não o entendeu, não deveria estar pregando!

O Senhor Jesus Cristo é o conteúdo e o centro de tudo o que Deus revelou em sua Palavra. Jesus é o foco da história bíblica. É o âmago de todos os escritores sagrados, desvendando-se a Si mesmo à mente deles e guiando os seus escritos. Ele se revela nas páginas das Escrituras a cada pessoa que comissionou, pessoalmente, ao ministério da pregação. Onde Cristo não é pregado, ali não existe pregação.

Por que este livro possui esta estrutura

Com todas estas coisas em mente, estamos em condições de entender por que este livro possui esta estrutura. Agora, sabemos o que significa a pregação. Temos visto três das suas características-chave. Então, como pregar com determinação? Como podemos ter certeza de que estamos pregando corretamente?

Não é difícil responder a estas perguntas. Reconhecendo que somos arautos do Rei e que em seu Livro está escrito tudo que Ele tem a dizer-nos, não pode haver nada mais importante do que obter o seu significado correto. E não obtemos este significado, se não vemos a Cristo nas páginas das Escrituras. Pregar requer *exatidão exegética*.

A Bíblia é um livro completo. Nada lhe pode ser acrescentado. Se isto é verdade, podemos estudá-la e desenvolver o que ela ensina a respeito de um assunto específico. Ao estudá-la, descobrimos que ela ensina um sistema completo de doutrina, que revelo em qualquer passagem sobre a qual eu prego. Por isso, tenho de mostrar às pessoas que sistema é esse. Pregar exige *conteúdo doutrinário*.

Mas, não aprendemos que a clareza é uma das características-chave da pregação bíblica? Podemos dizer que uma mensagem é clara, se temos dificuldade em acompanhá-la e não podemos recordá-la? Pregar exige *clareza na estrutura*. E, por essa mesma razão, requer *ilustrações vívidas*.

Não devemos esquecer que a Palavra do Rei, as boas-novas, entretecida nos fatos, tem de atingir a consciência (*didasko*). Ela insiste que todo ouvinte corrija o seu viver. Pregar requer *aplicação penetrante*.

Aconteça o que acontecer, a mensagem divina tem de alcançar seu alvo.

Não devemos permitir que nada lhe obstrua o seu objetivo. A maneira como um pregador fala e se movimenta pode ser uma ajuda ou um obstáculo. Pregar exige uma *pregação eficiente*.

Por causa do fogo interior que se recusa a apagar-se, o pregador se envolverá emocionalmente com os seus ouvintes. O pregador falará a palavra do Rei em nome dEle, mas não desejará fazer isso sem experimentar a presença e a bênção do Rei. Na verdadeira pregação, há uma dimensão que não ousamos desprezar. Pregar requer *autoridade sobrenatural*.

Estes são os elementos que constituem a verdadeira pregação. Não basta ter a maioria deles; precisamos de todos eles. Também precisamos de um método de preparar sermões que, enquanto possível, nos proporcione estes elementos. Por isso, nosso livro termina com uma sugestão de um método de preparação de sermões.

Notas:

1 Minha atenção foi atraída, pela primeira vez, a estas quatro palavras pela leitura do clássico *Preaching and Biblical Theology* (Pregação e Teologia Bíblica), escrito por Edmund P. Clowney (London, The Tyndale Press, 1962), p. 54-59.

Parte 2

O que Torna a Pregação Excelente?

1
Exatidão Exegética

Nossa tarefa é clara: temos de usar os lábios para explicar e proclamar a Palavra de Deus, aplicando-a à consciência e vida das pessoas que nos ouvem. Mas, onde encontramos a Palavra de Deus? Tudo o que Deus tem a dizer aos homens e mulheres foi escrito nas palavras e sentenças que constituem a Bíblia. Essas palavras e sentenças possuem um significado intencional. Portanto, nada — nada mesmo — pode ser mais importante do que conhecer o significado correto. O estudo que revela o significado intencional das palavras e sentenças da Bíblia chama-se exegese. Não haverá um pregador verdadeiro, se tudo o que este disser não estiver fundamentado em *exatidão exegética*.

Pecamos quando pregamos aquilo que achamos que as Escrituras afirmam, e não pregamos o seu verdadeiro significado. Também pecamos quando pregamos os pensamentos que a Palavra desperta em nosso intelecto e não aquilo que a Palavra realmente declara. Um arauto é um traidor, se não transmite *exatamente* o que o Rei diz. Quem ousará colocar-se diante de uma congregação e proclamar: "Assim diz o Senhor", afirmando em seguida, no nome do Senhor, aquilo que Ele *não* disse? Precisamos enfatizar novamente: na pregação, não existe nada — nada mesmo — que seja mais importante do que a exatidão exegética.

Quando a "exegese" *não é* exegese

Não devemos pensar que todos os pregadores que gastam muitas horas estudando a Bíblia são bons exegetas. Oração, tempo e esforço precisam ser unidos a princípios corretos de interpretação. Muitas pessoas sinceras entendem a Bíblia de modo totalmente errado. Eles se manifestam e levam seus ouvintes ao erro. Isto não pode acontecer.[1]

1) Superstição

Por exemplo, algumas pessoas estudam a Bíblia *de maneira supersticiosa*. Em vez de focalizarem o sentido claro das palavras e sentenças das Escrituras, estão sempre procurando significados ocultos. O que está escrito com clareza na Bíblia não comove tais pessoas; porém, se encontrarem algo que as pessoas comuns não podem ver, ficam fortemente impressionadas! Para elas, este é o significado "espiritual" das Escrituras, e o consideram mais importante do que o seu significado evidente.

Entre os que estudam as Escrituras desta maneira, encontram-se aqueles que tributam grande atenção ao valor numérico das letras do hebraico. Quase todo o Antigo Testamento foi escrito em hebraico. Cada letra do alfabeto hebraico serve não apenas como letra, mas também como número. Se você quiser, pode somar os números representados pelas letras de uma palavra, dando a esta um valor numérico. Pode fazer o mesmo com as sentenças. Pode até encontrar outras letras e sentenças com o mesmo valor numérico. Com todos esses números ante os seus olhos e um pouco de imaginação, pode chegar a todo tipo de conclusão. Considere o que você poderá dizer às pessoas depois de um estudo de todas as palavras e sentenças que têm valor numérico igual a 666!

Outras pessoas não chegam a esse ponto, mas são controladas por essa mentalidade. Se não se mostram interessadas em letras hebraicas, podem ser fascinadas pelo significados dos nomes dos lugares na Bíblia, sobre os quais fundamentam grande parte de seu ensino. Para estes, o importante é o significado que as pessoas comuns não podem ver. "Afinal de contas", eles argumentam, "1 Coríntios 2.14 não ensina que as coisas espirituais são discernidas espiritualmente?"

O fato de que eles usam este versículo nos mostra como eles são péssimos exegetas! No versículo, Paulo estava falando sobre pessoas não-convertidas. Estava ensinando que tais pessoas não aceitam as coisas espirituais, nem se importam com elas. Pensam que essas coisas são loucura e irrelevantes. Esta é a razão por que não têm qualquer senso espiritual. Para que venha a apreciar as coisas espirituais, uma pessoa tem de experimentar uma mudança de natureza e receber um novo coração.

A Bíblia não ensina que sua mensagem pode ser entendida somente por uma elite espiritual. E, com certeza, também não afirma que seu verdadeiro significado é tal que a maioria das pessoas não pode descobri-lo! Os verdadeiros pregadores da Palavra rejeitam toda exegese supersticiosa.

2) Alegoria

Algumas pessoas estudam a Bíblia *alegoricamente*. A maneira de pensar deles possui certas semelhanças com o que acabamos de descrever, mas não é idêntica. Elas estão verdadeiramente interessadas no sentido gramatical da Palavra de Deus, mas crêem que, em adição a este sentido, algo *mais* precisa ser descoberto.

Pessoas têm estudado a Bíblia de maneira alegórica desde os primeiros séculos da igreja cristã. Para entendermos como elas analisam as Escrituras, devemos talvez pensar no famoso livro *O Peregrino*, de John Bunyan. Neste livro, encontramos diversos personagens que passam por aventuras extraordinárias. Os personagens e as aventuras são importantes, porque sem eles o livro não existiria. Mas o que realmente importa não são os detalhes da história, e sim o que John Bunyan está transmitindo, enquanto conta a história. Ele tem verdades a ensinar e lições que precisamos aprender. Estas são as coisas importantes, e não os personagens e as aventuras usadas para transmiti-las.

Os que estudam a Bíblia de maneira alegórica lêem-na de modo semelhante. O significado claro das palavras e sentenças é importante, mas não é tão importante quanto as verdades e lições que estão por trás desse significado. A Bíblia está repleta de significados, e o significado evidente está entre os menos valiosos.

Esse tipo de interpretação leva a fantasias ilimitadas e às mais grosseiras interpretações. O Antigo Testamento, em particular, significa aquilo que o pregador deseja que signifique. Esse tipo de "exegese" aniquila o estudo sério e recompensa a ingenuidade. Pregar torna-se apenas uma demonstração dos poderes inventivos do pregador, enquanto o trabalho árduo exigido pela exegese séria desaparece de cena.

Certa vez, ouvi um sermão baseado em Gênesis 24. Fiquei assentado em meu banco por 75 minutos, sentindo-me totalmente encantado, enquanto o pregador contava a história de como Abraão mandara seu servo de confiança à Mesopotâmia, a fim de encontrar uma esposa para Isaque, seu filho. O propósito da mensagem era mostrar como Deus Pai traz uma noiva para seu Filho. No sermão, Abraão foi igualado a Deus Pai; Isaque, a Deus Filho; o servo de confiança, ao Espírito Santo; Rebeca, à igreja; e os camelos, às promessas divinas que levam a igreja, guiada pelo Espírito, em segurança ao céu!

Já passaram-se quarenta anos desde que ouvi esse sermão. Ainda posso recordar quase todas as palavras. Foi pregado por um homem a quem eu devo mais do que posso expressar. Ele já está no céu há alguns anos, e não pretendo manchar sua memória, de maneira alguma. Todavia, o seu sermão teria sido totalmente correto, se ele tivesse apenas usado Gênesis 24 como ilustração da doutrina que estava ensinando. Mas não o fez. Ele deu a impressão de que Gênesis 24 foi escrito com *a intenção* de ensinar como Deus traz uma noiva para seu Filho. Contudo, esse não é, de modo algum, o significado tencionado pela passagem. Assim, infelizmente, preciso dizer: um sermão que me deixou fascinado era um péssimo sermão.

A verdadeira pregação exige que descubramos o *significado proposital* da passagem que estamos abordando. Não há lugar para o alegorismo, a menos que digamos às pessoas que o estamos fazendo para ilustrar nosso argumento — e tem de ser um argumento já estabelecido pela exegese correta. Não é proveitoso apelarmos à passagem como Gálatas 4.21-31 para argumentarmos que às vezes a alegoria é permitida. Algumas pessoas também mencionam 1 Coríntios 10.1-3 e Hebreus 7.1-3, para apoiar este ponto de vista. Se considerarmos com atenção estas passagens, perceberemos que não são realmente alegorias, embora pareçam à primeira vista. São exemplos de como o Antigo Testamento pode ser usado como ilustração. Também é interessante observar que nenhuma destas passagens é usada para provar qualquer tipo de doutrina.

É tempo de abandonar o uso de exegese alegórica. Há uma pergunta simples que nos diz quando usamos uma passagem como alegoria ou como ilustração: no estudo desta passagem, o *significado intencional* das palavras e sentenças está em primeiro plano ou oculto no contexto? Se o *significado intencional* não ocupa a posição primária de nossa exegese, a alegoria está espreitando perigosamente em algum lugar — e tem de ser aniquilada imediatamente!

3) Dogma

Existe outro grupo de pessoas que estuda a Bíblia *dogmaticamente*. Não há nada errado com o vocábulo dogma, desde que entendamos o que ele significa. Esta não é uma palavra que gosto de usar com frequência, porque é antiquada e, no que diz respeito a muitas pessoas, transmite ideias indesejáveis. "Dogma" é uma palavra antiga que significa doutrina. "Teologia dogmática" é outra maneira de descrever "teologia sistemática". Mas, o que é isso realmente? É uma afirmação do sistema de doutrina ensinado na Bíblia, sem o emprego de qualquer outra informação, além daquela que a própria Bíblia nos fornece.

Os pregadores mais poderosos são sempre aqueles que são fortes em teologia dogmática. Aceitam um sistema de doutrina que governa todo o seu viver. Esse sistema de doutrina determina a crença e controla o comportamento deles. Expressa-se nas orações e se manifesta claramente na pregação deles. São homens de convicções; por isso, estão em perigo.

À medida que estudam qualquer parte da Bíblia, encontram facilidade em interpretá-la à luz de seu sistema, em vez de lembrarem que a própria Bíblia é a fonte do sistema teológico deles. O fato é que algumas passagens das Escrituras são muito difíceis de serem entendidas. Somos tentados a fazer com que elas se encaixem em nosso sistema teológico, em vez de gastarmos tempo e esforço necessários para fazermos uma exegese rigorosa. Muitos pregadores que são fortes em teologia dogmática caem nessa armadilha. Pode-se até dizer que caem com regularidade. Fazem certos textos e passagens parecerem dizer coisas que realmente *não* dizem!

Podemos tomar Hebreus 6.4-8 como exemplo. Inúmeros pregadores e comentaristas bíblicos têm interpretado estes versículos à luz do seu sistema e, por isso, têm deixado de entendê-los corretamente. Aqueles que têm um sistema de teologia que ensina a perda de salvação do verdadeiro crente usam estes versículos para provar o seu ensino. Aqueles que possuem um sistema de teologia cujo ensino é de que o crente não perde a salvação, afirmam que a advertência dada nesta passagem de Hebreus é apenas hipotética — o autor estava pintando um quadro ameaçador, mas não descrevia a realidade.

Em ambos os casos, estudar as Escrituras com uma abordagem dogmática leva os seus seguidores ao erro. Se qualquer desses pontos de vista for pregado, o pregador será culpado de *inexatidão* exegética. A passagem não está comentando se o crente pode ou não perder a salvação. Esse não é o propósito. E a situação sobre a qual a passagem fala não é hipotética, como é bem evidente no versículo 9. A passagem é uma das várias na Epístola aos Hebreus que têm a intenção de mostrar que é possível alguém ter uma *verdadeira* experiência do Espírito Santo, sem ter necessariamente uma experiência de *salvação*. A prova de que você teve uma experiência salvadora da parte do Espírito Santo não é o fato de que sentiu algo, e sim de que você persevera na fé e produz fruto. Se isso não acontece, você está perdido — portanto, precisa examinar a si mesmo e tomar os passos concretos para assegurar-se de seu progresso espiritual.

Somente um compromisso com a exegese completa nos capacita a pregar o significado intencional da passagem. E o que é verdade a respeito de Hebreus 6.4-8 também é verdade a respeito de qualquer outra parte da Bíblia. A teologia dogmática é boa, mas temos de aprender a mantê-la no seu devido lugar. Se não o fizermos, ela arruinará nossa pregação.

4) Razão humana

Gostaria de concluir esta secção dizendo que existem pessoas que estudam a Bíblia *racionalisticamente*. Para estes, o grande fator é a razão humana; eles rejeitam tudo que a ofendem. Isto significa que elas não crêem em milagres ou em qualquer fenômeno sobrenatural. Estas pessoas estão certas de que a verdade está na Bíblia, mas não podem crer que toda parte da Bíblia seja verdadeira. Como poderia ser verdadeira toda a Bíblia? Ela não foi escrita por homens imperfeitos?

Esse tipo de abordagem tem um grande efeito na maneira como a Bíblia é interpretada. Moisés e os israelitas não atravessaram o mar Vermelho da maneira como foi descrita no livro de Êxodo, pois quem pode acreditar que as águas se abriram formando muros em ambos os lados dos israelitas? Podemos realmente crer que Isaías predisse o surgimento de Ciro, *citando-o por nome*, muito antes de ele nascer? A alimentação de cinco mil pessoas tem de ser explicada de alguma outra maneira, bem como a ressurreição física de nosso Senhor Jesus Cristo.

A "desmistificação" da Bíblia, e dos evangelhos em particular, tem sido uma das maneiras pelas quais a confiança na razão humana tem se manifestado em anos recentes. A ideia é que, ao escreverem os quatro evangelhos, os seus autores, do século I, podiam pensar apenas como pensavam as pessoas daquele século. Para entendermos o que disseram, não devemos seguir a maneira que eles tinham para ver as coisas, e sim considerar as verdades subjacentes usando uma perspectiva do século presente. Por exemplo, não temos de crer que Jesus ressuscitou fisicamente dentre os mortos. Basta crer que, por meio da experiência de Jesus, homens e mulheres podem ter vida verdadeira. A história da ascensão de Jesus não deve ser entendida literalmente. O que aconteceu foi que os escritores dos evangelhos estavam ressaltando a outra natureza de Jesus.

O que devemos dizer a respeito disso? Rejeitamos essa abordagem, e a rejeitamos por completo. A Bíblia, embora escrita por homens imperfeitos, é a Palavra de Deus. Ele a inspirou e garantiu que seus autores humanos escrevessem com exatidão, sem massacrar, de alguma maneira, a personalidade e os diferentes estilos deles. Se retirarmos da Bíblia o sobrenatural, ela não tem mensagem. Temos de entender o Antigo Testamento como nosso Senhor o entendeu. Temos de crer no Novo Testamento, sujeitando-nos a ele como as Escrituras que nosso Senhor ordenou a seus apóstolos que escrevessem.

Se retirarmos da Bíblia tudo que causa dificuldade à razão humana, seremos culpados de distorção exegética. Terminaremos pregando nada mais do que nossas próprias ideias. Rejeitar o sobrenatural reduz a Bíblia ao absurdo. Assim, o pregador pode fazê-la dizer apenas o que ele quer. Princípios de interpretação que estão centralizados completamente no homem, nunca serão bem-sucedidos em entender o Livro de Deus. Nenhuma exegese verdadeira (e, consequentemente, nenhuma pregação verdadeira) resulta do campo racionalista.

Que princípios devem governar o exegeta?

Então, que princípios devo adotar para descobrir o que determinada passagem realmente diz? Como descubro o seu significado intencional e, ainda assim, tenho algo para pregar?

Muitos livros foram escritos sobre este assunto, e os maiores deles não são necessariamente os melhores. Este pequeno livro sobre pregação talvez não possa resumir o que eles têm a dizer. Pode apenas ressaltar alguns pontos, cativando nossa atenção ao que é básico. Este livro pode impedir que você caia no abismo do desastre exegético, ao colocar seu pé em solo firme e seguro.

Para evitar a ruína tanto de nós mesmos como de nossos ouvintes, temos de perguntar e responder sete perguntas, antes de pregar qualquer passagem da Palavra de Deus. Gaste tempo! Não estude para produzir um sermão — não! não! Estude a fim de entender o texto. *Esta é a regra que o pregador tem de respeitar antes de qualquer outra regra.* O sermão que você prega eventualmente é quase nada, se comparado com aquela grandiosa obra que você realiza no lugar secreto.

1) O que Deus espera de mim quando me envolvo nesta tarefa?

Ele espera haver em mim a recordação de que o Livro a ser estudado é a sua santa Palavra. Espera que eu encare este livro com admiração e sussurre em temor: "Deus *falou neste livro!* Deus *fala neste livro!*" Ele espera que eu o abra com adoração, temor, gratidão e reverência. As profundezas de minha alma têm de ser laceradas pelo pensamento de que estou na presença de uma revelação divina. Este é um momento sagrado. Lágrimas podem surgir, bem como um choro de alegria.

Deus espera que eu creia em tudo que vier a ler. Deseja que eu fale com Ele, enquanto faço a leitura. Deus espera que eu entesoure tudo no coração, comprovando que o Livro é mais doce do que o mel e mais precioso do que o ouro. Ele espera que eu renove meus votos de colocar tudo em prática.

Deus espera haver em mim a lembrança de que Ele me deu o seu Livro como uma revelação. Portanto, ele tem um significado. Sim, a passagem que estou lendo tem um significado. O autor humano estava certo não somente do significado que tencionava transmitir (e isso eu preciso descobrir), mas também do fato que as suas palavras tinham um significado mais completo do que ele mesmo podia assimilar. Ele estava ciente de que escrevia para tratar de uma situação específica e de que suas palavras atingiriam toda a igreja de Cristo, em todas as gerações. Como posso estar certo disso? Por que 1 Pedro 1.10-12 o ensina. O Senhor espera que eu também lembre isso.

Deus espera que eu me aproxime de sua Palavra sem quaisquer noções preconcebidas a respeito do que ela *deveria* dizer e que, em vez disso, descubra com humildade e obediência o que a Palavra realmente *diz*. Ele espera que haja a lembrança de que sou uma criatura cujo entendimento é bastante limitado. E não somente isso, mas também que sou um pecador cuja habilidade de entender foi severamente prejudicada. Deus espera que eu admita que jamais entenderei seu Livro sem a ajuda pessoal dEle mesmo, e que suplique essa ajuda.

A Bíblia pode ser estudada por qualquer homem em seu escritório. Mas este não pode ser um verdadeiro exegeta, e um verdadeiro pregador, se não estudar com uma atitude íntima de submissão. A exegese é um trabalho árduo. É uma disciplina acadêmica que impomos sobre nós mesmos. Antes de tudo isso, a exegese é um ato de adoração.

2) Qual o significado gramatical das palavras?

O Sagrado Livro de Deus é constituído de palavras. Algumas delas são substantivos; outras, verbos. Há também artigos, adjetivos, advérbios, numerais, pronomes, preposições, conjunções, interjeições, etc. Os substantivos podem estar no singular ou no plural. Os verbos podem ter variação de sentidos, tempos, modos e vozes. Todas as palavras estão dispostas em sentenças, e a maneira como estão dispostas dá *significado* à sentença!

Isto não deve amedrontar-nos. Você já leu este livro por algum tempo. Ele também é formado de palavras de várias classes, dispostas em sentenças, tendo em vista comunicar algo de minha mente à sua. Se eu tivesse usado palavras diferentes ou se tivesse disposto as mesmas palavras em outra ordem, você obteria um significado diferente. Portanto, a gramática é importante. Sem ela, é impossível escrever um livro.

De modo semelhante, cada sentença da Bíblia tem um significado. Se as palavras fossem diferentes, e a estrutura gramatical fosse modificada, teria um significado diferente. Portanto, quer gostemos, quer não, jamais poderemos ter exatidão exegética, se não tributarmos atenção cuidadosa às palavras e à maneira como elas estão dispostas na sentença. Este é o trabalho da exegese.

Os pregadores têm de aprender a amar gramática! Precisam fazer o esforço para entender como a linguagem funciona. Se não fazem isso, é impossível que cumpram a sua tarefa. É verdade que a Bíblia é um livro inspirado por Deus. Mas é um livro. Tem de ser lida como um livro. Precisamos respeitar o sentido gramatical básico de suas palavras e sentenças. Sem dúvida, isto pode ser afetado pelo tipo de literatura em que as suas palavras foram escritas — e este é o assunto que consideraremos a seguir. Mas, temos de encarar o fato: a exegese pode ser feita apenas por pessoas que entendem a Bíblia em seu primeiro sentido e que aceitam as suas palavras e sentenças no seu significado normal.

Nesta época de minha vida, tenho desfrutado do privilégio de viajar por muitos lugares e conhecer vários pregadores. Sinto-me triste em dizer-lhe que muitos deles têm sido infectados pela epidemia mundial de negligência para com a gramática. Não conhecem a gramática, não se importam com ela, não lhe tributam muita atenção, quando estudam as passagens bíblicas sobre as quais pregarão. Apesar disso, quase todos os pregadores que conheço crêem que a inspiração divina da Bíblia se estende a cada uma de suas palavras! Há algo seriamente errado; é tempo de corrigirmos isso.

3) Em que tipo específico de literatura se encontram as palavras da Bíblia?

As palavras não existem para si mesmas. Até o simples "não" é uma resposta a algo que acabou de ser dito. Toda palavra tem um contexto. Algo foi dito antes e algo virá depois. Não estamos apenas falando sobre frases e sentenças, mas também sobre o tipo de literatura em que essas frases e sentenças foram escritas. Isto é algo ao que devemos dar atenção cuidadosa, enquanto procuramos descobrir o significado intencional de uma parte específica da Palavra de Deus.

Existem inúmeras leis na Bíblia, especialmente na primeira parte do Antigo Testamento. As leis foram escritas em forma de prosa, bem como os relatos históricos. Mas o estilo que usamos para falar uns com os outros é bem diferente. Tornamos nossa conversa mais interessante por usarmos todo tipo de linguagem figurada — "Ela é uma fera", "Ele caiu do cavalo!", "O feitiço virou-se contra o feiticeiro", "Ele é uma besta!". Todos sabemos que essas frases não devem ser entendidas literalmente, mas compreendemos o seu significado. Portanto, é evidente que a prosa e a conversa pessoal não devem ser interpretadas da mesma maneira. Isto também é verdade quando lemos a Bíblia.

Não podemos interpretar da mesma maneira todo tipo de literatura. Além da prosa usada na Lei e nos relatos históricos, conforme já mencionamos, existe abundância de poesia na Bíblia: uma parte dessa poesia se encontra no livros de Jó, Salmos e Cântico dos Cânticos; outra parte, nos livros proféticos; e outra parte, em seções longas ou curtas de outros livros das Escrituras. Encontramos também a literatura sapiencial, os evangelhos e as epístolas. E temos ainda a linguagem apocalíptica — uma maneira de argumentar usando linguagem exagerada, números, figuras de monstros e visões extraordinárias. Se lêssemos todos esses tipos de literatura da mesma maneira, ficaríamos realmente bastante confusos!

Embora tenhamos diferentes tipos de literatura na Bíblia, jamais devemos esquecer de prestar atenção ao sentido gramatical de tudo que lemos. Mas, ao fazer isso, devemos gastar tempo para recordar que o *significado* literal de uma passagem pode não ser, necessariamente, o seu significado *intencional*. E *este* é o significado que estamos buscando.

Por exemplo, ao escrever a respeito de um tempo de alegria extraordinária, Isaías predisse: "E todas as árvores do campo baterão palmas" (Is 55.12). O que ele pretendia dizer? Com certeza, Isaías não estava dizendo que as árvores desenvolverão novas qualidades admiráveis em algum tempo futuro! De modo semelhante, a afirmação "o justo florescerá como a palmeira" (Sl 92.12) não ensina que os crentes idosos brotarão. Igualmente, a exortação "acautelai-vos dos falsos profetas, que se vos apresentam disfarçados em ovelhas" (Mt 7.15) não é uma advertência contra pregadores que vestem casacos feitos de lã! Não podemos entender estas afirmações sem assimilarmos o sentido gramatical das suas palavras, mas nenhum de nós é demasiadamente tolo, a ponto de pensar que o sentido literal de tais palavras é o significado *intencional*. É esse significado intencional que nossa exegese procura descobrir, para depois pregarmos em público.

4) Qual é o contexto imediato e o mais amplo?

As palavras são encontradas em frases e sentenças; e sentenças formam, geralmente, parágrafos. Esses parágrafos, por sua vez, fazem parte de algo maior, como um capítulo. E os capítulos são partes de um livro. Também precisamos ter isso em mente quando nos dedicamos à exegese.

Se ignorarmos o contexto imediato e o contexto mais amplo, podemos fazer a Bíblia afirmar o que desejamos que ela afirme. O material que constitui este livro sobre pregação foi apresentado originalmente em forma de palestras. Todas as palestras foram gravadas. Agora, imaginemos alguém comprando uma fita cassete ou CD e gastando tempo para editar as palestras. Imaginemos que essa pessoa mantém cada sentença intacta, mas usa seus aparelhos eletrônicos para colocar as sentenças em ordem diferente. Depois de fazer isso, tal pessoa coloca um anúncio num jornal evangélico e começa a vender seus próprios cassetes e CDs.

A voz na gravação seria a minha. Cada sentença seria minha, exatamente como as proferi. Mas a palestra seria outra. Talvez pareceria uma miscelânea de sentenças incoerentes ou teria um significado diferente do que eu tencionava originalmente.

Isto é exatamente o que acontece quando pregamos sobre uma frase ou sentença da Bíblia e não esclarecemos o seu contexto imediato ou mais amplo. Quantas vezes já ouvimos "importa-vos nascer de novo" sendo pregado como um *mandamento*. Isto é uma total distorção do seu significado. Pregar essas palavras como um mandamento equivale a enganar cada adulto e cada criança que nos ouve. O novo nascimento não é ordenado em nenhum lugar da Bíblia. O arrependimento é ordenado. A fé no Senhor Jesus também é ordenada. Mas o novo nascimento não é, nem pode ser, ordenado na Bíblia, porque é uma obra realizada completamente por Deus. Quando nosso Senhor disse a Nicodemos: "Importa-vos nascer de novo", estava fazendo uma declaração veemente do fato. Essa é a verdade que tem de ser enfatizada a qualquer congregação que nos ouve em nossos dias. Pregar qualquer outro significado não é somente uma falta de exatidão exegética, é também um pecado.

Em várias ocasiões, ouvi sermões que mencionam 1 Coríntios 2.9, um versículo em que Paulo se refere a Isaías 64.4. A parte principal deste versículo diz: "Nem olhos viram, nem ouvidos ouviram, nem jamais penetrou em coração humano o que Deus tem preparado para aqueles que o amam". Todos os pregadores que ouvi usaram este versículo para falar sobre o céu. Fizeram isso porque tiraram as palavras de seu contexto. 1 Coríntios 2 não é um capítulo que fala sobre o céu, mas sobre o fato de que o povo do Senhor pode ver e apreciar coisas que estão escondidas para os não-convertidos. Que privilégio extraordinário nós temos! Que coisas maravilhosas podemos ver! O coração não-convertido é incapaz até de imaginar essas coisas. Mas essas são as coisas que nos emocionam completamente. *Este* é o assunto do versículo. Por isso, tanto é errado como prejudicial dar-lhe um significado que o autor divino não tencionava que ele tivesse.

Dedicar-se mais é a única maneira de evitar erro exegético. Antes de pregar sobre qualquer parte de um livro da Bíblia, devemos ter familiaridade com todo o livro. Não somente isso, devemos possuir um entendimento competente a respeito de quem o escreveu, para quem, por que e quando o escreveu.

O *quando* é especialmente importante, pois é a razão da nossa próxima pergunta.

5) Qual o contexto histórico?

A Bíblia menciona literalmente milhares de acontecimentos, e não ocorreram todos na mesma época. Cita inúmeras pessoas, que não viveram no mesmo tempo. Ensina inúmeras verdades, mas estas não foram reveladas na mesma época. Existe uma grande linha histórica que todo pregador tem de saber tanto em esboço como em detalhes. Ele precisa saber com certeza o que aconteceu e quando aconteceu. Ele precisa ser capaz de identificar cada momento dessa linha histórica e dizer o que estava sendo revelado naquele momento, bem como o que seria revelado depois.

Se não pode fazer isso com facilidade, está se encaminhando ao desastre exegético; os efeitos do seu ministério sobre os outros serão catastróficos. Deus é gracioso, mas Ele não dispensa a sua graça na mesma medida a todos os homens e mulheres. Há semelhanças admiráveis, porém grandes diferenças, entre um rascunho de pintura, um esboço cheio, um quadro pintado e um filme colorido, mas essa foi a maneira como Deus revelou seu grandioso plano de redenção através dos séculos. A história do Antigo Testamento não é a mesma no começo, no meio e no fim. O Antigo Testamento não é o Novo. A sombra não é a substância. A situação nos evangelhos não é a mesma que os precedeu ou que os sucedeu. Os crentes antes do Dia de Pentecostes, não eram iguais aos que se converteram depois. No início, a igreja de Atos não era tão madura ou internacional como o era no final do relato do livro. A igreja na terra ainda não goza o que gozará depois da segunda vinda de Cristo.

Em Jó 19.25-27, aquele crente sofredor exclama: "Porque eu sei que o meu Redentor vive e por fim se levantará sobre a terra. Depois, revestido este meu corpo da minha pele, em minha carne verei a Deus. Vê-lo-ei por mim mesmo, os meus olhos o verão, e não outros". Se sabemos onde Jó se encaixa na grande linha histórica das Escrituras, podemos começar a apreciar quão extraordinária foi essa declaração. Mas, se Jó disse essas palavras depois que Paulo escreveu 1 Coríntios 15, não existe nada especial nelas. E seríamos forçados a dizer que a maior parte do seu comportamento era assustador.

Em Atos 19.2, doze homens religiosos declararam: "Nem mesmo ouvimos que existe o Espírito Santo". Se esses homens tivessem vivido no tempo de Abraão, nada haveria de incomum na afirmação deles. Mas eles disseram isso depois do Pentecostes, quando a igreja já existia por vários anos. A ignorância desses homens era uma prova de que não eram convertidos, e isso explica por que Paulo os tratou da maneira descrita no relato de Atos 19.

Em Números 15.32-36, o Senhor ordenou que fosse executado um homem encontrado apanhando lenha no sábado. Creio que precisamos estar bem certos de onde se encaixa este incidente na grande linha histórica. De outro modo, talvez nos veríamos aplicando esta ordem do Senhor ao seu povo hoje. E isso resultaria em uma drástica diminuição das pessoas em nossas igrejas! Precisamos dizer algo mais? O argumento é claro: ninguém pode ser um exegeta responsável e, por conseguinte, um verdadeiro pregador da Palavra, se não possui muitas clareza a respeito do contexto histórico da passagem sobre a qual pregará.

6) Outras passagens da Bíblia trazem luz a esta passagem?

A Bíblia, constituída de 66 livros, é um livro único que interpreta a si mesmo. Se encontrarmos alguma passagem obscura, outras passagens nos ajudarão a entendê-la. Quando estamos presunçosamente certos de que é correta a nossa interpretação pessoal de certa passagem, outras passagens nos corrigirão e nos humilharão. Se tivermos de ser bons exegetas, é essencial que conheçamos toda a Bíblia.

Se estivéssemos pregando todo o livro de Isaías, no devido tempo chegaríamos no capítulo 42. O capítulo começa com estas palavras: "Eis aqui o meu servo, a quem sustenho" (Is 42.1). Mas a respeito de quem o profeta falava? Nem preciso imaginar. Não preciso ser confundido pela grande variedade de teorias expostas por alguns comentários bíblicos. Mateus 12.15-21 nos diz que esta passagem se cumpriu no ministério terreno de nosso Senhor Jesus Cristo. O seu caráter foi tal, que não provocou conflito desnecessário com seus inimigos. Posso pregar uma mensagem clara com base em Isaías por causa da luz trazida por outra passagem bíblica.

Se pregasse sobre Amós 9.11-15, seria tentado a dizer aos meus ouvintes que o profeta estava afirmando que, um dia, os descendentes de Davi serão restaurados aos judeus, como uma família real, e que, naquele tempo, a terra de Israel terá influência e prosperidade renovadas. À primeira vista, isto é o que as palavras parecem significar. Mas não podemos descansar na primeira impressão. E não podemos interpretar uma passagem sem fazermos a sexta pergunta. Atos 15.15-17 nos fornece luz admirável sobre o que Amós disse. Atos nos mostra que a predição de Amós se cumpre na conversão dos gentios e de sua inclusão como parte da igreja de Cristo. Ao fazer isso, Atos também nos dá um princípio pelo qual podemos descobrir o significado de muitas profecias similares encontradas no Antigo Testamento. Não pode haver exatidão exegética onde não há interpretação da Escritura à luz da Escritura.

Quem ousaria pregar sobre Melquisedeque, em Gênesis 14.18-24 sem referir-se a Hebreus 5.5-11 e 7.1-28? Quem contaria a história do maná, em Êxodo 16, sem estudar, igualmente, toda a história de João 6? Quem ousaria explicar por que a tribo de Dã está ausente da lista de Apocalipse 7.4-8, sem determinar à história dessa tribo em todo o Antigo Testamento? E quem seria tão ousado que falaria sobre qualquer afirmação doutrinária das Escrituras, sem ter em mente todas as passagens que tratam do mesmo assunto? É vital compararmos Escritura com Escritura. Se não o fizermos, afundaremos na areia movediça da confusão, do desequilíbrio e do erro.

7) De que maneira esta passagem aponta para Cristo?

Dissemos algo a respeito disso na Parte 1, mas esse é um ponto que devemos enfatizar novamente. A Bíblia revela Cristo. Ele é o grande tema das Escrituras. Cada parte da Bíblia aponta para Cristo. Se não podemos ver como uma passagem específica aponta para Ele, isso acontece porque ainda não entendemos a passagem como deveríamos. Onde Cristo não é o centro, ali não há exatidão exegética.

Não posso me desculpar pelo que escrevi antes. Tudo ao meu redor são vozes que dizem algo diferente. Estão proclamando que é errado insistir no fato de que a Bíblia é cristocêntrica. Estou indo longe demais, dizem essas vozes. De acordo com elas, devemos, antes, afirmar que a Bíblia é teocêntrica. Ela é mais teocêntrica do que cristocêntrica.

Concordo com isso — mas não totalmente. É claro que a Bíblia é um livro que fala sobre Deus e que nos ensina sobre Deus Pai, Deus Filho, Deus Espírito Santo. Mas este Deus se relaciona conosco somente por meio de Cristo. O único Deus que existe é o Deus e Pai de nosso Senhor Jesus Cristo. Ele nunca se revelou a Si mesmo, a não ser por meio de Cristo. Não há outro caminho para esse Deus, exceto Cristo. O Espírito que age em nós é o Espírito de Cristo. Quando chegarmos ao céu, o único Deus que veremos é Cristo. Nada — nada mesmo — pode ser teocêntrico, se não for cristocêntrico. Pensar que algo pode ser teocêntrico sem ser cristocêntrico é um enorme erro. Admitir que a Bíblia é um livro que fala sobre Deus é admitir que ela fala sobre *Cristo!*

Mas todas as partes da Bíblia não apontam da mesma maneira para Cristo. Por exemplo, onde está Cristo em Eclesiastes? Este livro nos ensina que, se Deus está fora de nossa vida, ela não tem significado; e que, se amamos a Deus e O adoramos, a nossa vida está repleta de significado. Então, *como* podemos conhecer a Deus? Eclesiastes suscita essa pergunta em nossa mente, mas não nos dá a resposta. Deixa-nos com fome de conhecer a Deus, mas não nos mostra o caminho para Ele. É dessa maneira que Eclesiastes aponta para Cristo. Suscita a pergunta para a qual Cristo é a única resposta. Portanto, Eclesiastes aponta *implicitamente* para Cristo.

Outros livros apontam *explicitamente* para Ele. Isto é verdade a respeito de cada livro do Novo Testamento. Todos eles O mencionam por nome. Também podemos dizer, que estes livros apontam para Ele *diretamente*. Mas há outros livros das Escrituras que apontam diretamente para Ele e não O mencionam por nome. Isaías e o livro de Salmos seriam bons exemplos disso. Outros livros, tais como os cinco primeiros livros da Bíblia, por exemplo, apontam para Ele por meio de predições, figuras, símbolos e cerimônias. Podemos dizer que esses livros falam sobre Ele *indiretamente*.

Alguns leitores podem não se sentir à vontade com as quatro palavras que destaquei. Mas creio que todos concordarão que o Espírito Santo, que inspirou cada autor bíblico, é o Espírito de Cristo. Creio que todos recordarão que o ministério do Espírito Santo é sempre apontar para *Cristo*. Essa foi a razão por que nosso Senhor disse: "Abraão... alegrou-se por ver o meu dia" (Jo 8.56); "Moisés... escreveu a meu respeito" (Jo 5.46); "Davi... lhe [me] chama Senhor" (Mt 22.45). Todo autor bíblico escreveu a respeito do Senhor Jesus. Portanto, aqueles que pregam esses autores devem pregar o Senhor Jesus Cristo. Se Cristo não é o conteúdo e o âmago da pregação deles, são culpados de inexatidão exegética.

O que podemos fazer para sermos melhores exegetas?

Se tudo isso é verdade, precisamos fazer esta pergunta urgente: "O que podemos fazer *de modo concreto* que nos ajudará a sermos melhores exegetas?" Ninguém pode exagerar a importância desta pergunta. Onde desaparece a exatidão exegética, ali desaparece a pregação — e nenhum dos leitores deste livro deseja que isso aconteça.

Há algumas coisas que podemos fazer. Se não estamos dispostos a fazê-las, devemos parar de pregar. Nem todos nós seremos capazes de realizá-las com a mesma eficiência, mas, sem exceção, todos somos capazes de obter algum progresso nestas áreas.

1) Podemos aprimorar nosso conhecimento bíblico

A primeira coisa que temos de fazer é aprimorar nosso conhecimento bíblico. Este capítulo tem salientado como é importante que o pregador tenha familiaridade íntima e completa com todas as partes da revelação escrita de Deus. Todos nós somos capazes de ler a Bíblia mais do que o fazemos no momento, de questionar mais o que lemos, de memorizar mais versículos e passagens e de gastar mais tempo para meditar na Palavra de Deus, em diferentes partes no decorrer do dia.

Certa vez, um professor bateu em Winston Churchill porque este não havia memorizado as terminações de algumas palavras latinas. Posteriormente, Churchill comentou que a única ofensa pela qual ele disciplinaria um jovem seria a falta de conhecimento da língua materna. De modo semelhante, podemos ser brandos para com um pregador em muitas áreas. Mas estamos certos ao expressar-lhe nossa profunda tristeza, se ele tem menos do que um conhecimento excelente da Bíblia em sua língua materna.

2) Podemos ler

Nenhuma geração de pregadores jamais teve acesso a tantos livros como o temos hoje! Podemos aprimorar nosso conhecimento, e aprimorá-lo substancialmente, em cada área onde somos deficientes. Nenhum pregador tem desculpa para a ignorância quanto à vida e aos tempos de qualquer personagem bíblico, ao desdobramento da história bíblica, à teologia bíblica, à teologia sistemática ou a qualquer ramo de conhecimento que seja útil ao arauto de Deus.

Por meio de livros, podemos nos assentar aos pés dos grandes ensinadores que o Cristo ressuscitado têm enviado à sua igreja, quer vivos, quer mortos. Além disso, nós que vivemos no Ocidente temos acesso aos amplos recursos disponíveis por meio de gravações, programas de computador e *websites*. Nosso Senhor disse: "Àquele a quem muito foi dado, muito lhe será exigido; e àquele a quem muito se confia, muito mais lhe pedirão" (Lc 12.48).

Dizem que não há diferença real entre a pessoa que não sabe ler e a que não quer ler. Vivemos em um mundo repleto de atividades. Muitos de nós vivemos sob pressão. Muitos pregadores têm tantos compromissos, que não podem imaginar a si mesmos envolvidos em mais um compromisso. Mas quase todos nós, com um pouco de reflexão e reorganização das prioridades, podemos encontrar mais tempo para ler — podemos realmente! É tempo de controlarmos a nós mesmos. Nossa utilidade depende disso. A causa do evangelho exige essa atitude.

3) Podemos desenvolver habilidades que nos ajudarão a entender o texto

Não há muitos pregadores capazes de aprender hebraico, aramaico e grego, em um nível eficaz. Mas alguns podem aprender essas línguas, e esta é uma das razões por que acho que um pregador da Palavra deveria tentar aprendê-las. Muitos logo descobrirão que possuem habilidades modestas, mas pelo menos aprenderão o suficiente para serem capazes de reconhecer palavras em comentários, léxicos e livros técnicos. Quase todos podem aprender a usar concordâncias, comentários exegéticos, Bíblias em diversas versões e inúmeros outros recursos agora disponíveis — não esquecendo os notáveis programas de computador e as páginas na *internet* que estão prontos para serem usados por estudantes sérios da Bíblia.

É maravilhoso viver no século XXI. Temos acesso a recursos que nossos antecessores jamais poderiam ter imaginado. Agora, o pregador mais humilde pode ter certeza do sentido gramatical de qualquer parte das Escrituras. Ele pode subir ao púlpito e falar com autoridade, fundamentado na passagem sobre a qual está pregando. Mas, infelizmente, isso não está acontecendo em muitos lugares. Por quê? Frequentemente, porque o pregador é negligente ou, simplesmente, porque não compreendeu a absoluta importância da exatidão exegética. O alvo deste capítulo era deixar isso bem claro.

Exercício

1. Escreva um parágrafo a respeito da distinção entre exegese, hermenêutica e exposição, descrevendo a íntima conexão entre eles.
2. O Sr. Smith, um fraco exegeta, pastoreou sua igreja durante vinte anos e foi sucedido pelo Sr. Jones, um ótimo exegeta, que também a pastoreou durante vinte anos. Conte a história dessa igreja nesses quarenta anos.
3. Escreva uma carta a um jovem pastor, dando-lhe conselhos a respeito de como aprimorar e manter suas habilidades exegéticas.

Notas:

1 Uma parte desta secção está baseada em uma palestra do Dr. Ernest F. Kevan, que ouvi quando era estudante de teologia. Extratos desta palestra já foram publicados com o título de *The Principles of Interpretation* (Os Princípios de Interpretação), na obra *Revelation and the Bible* (A Revelação e a Bíblia), editada por Carl F. Henry (London, The Tyndale Press, 1959, p. 283-298).

2
Conteúdo Doutrinário

Temos visto o que significa a pregação e que nenhum pregador pode ser um verdadeiro pregador sem comprometer-se com a exatidão exegética. Nada é mais importante. Contudo, existe um elemento na pregação que ocupa o segundo lugar em importância e que tem sido muito negligenciado em nossos dias. É o *conteúdo doutrinário*.

O que isso significa?

O que pretendemos dizer quando usamos esse termo? Queremos dizer que todo sermão deveria estar repleto de doutrina. Deve ser rico em teologia. Afinal de contas, a Bíblia é uma revelação divina. Revela a mente de Deus. Ela nos mostra o que devemos crer a respeito dEle e o que Ele espera de nós em nossa curta existência. Toda vez que a Bíblia é pregada, aqueles que a ouvem devem crescer no entendimento da doutrina e do dever.

A nossa expectativa de vida está entre setenta e oitenta anos. Isto é tempo suficiente para lermos a Bíblia muitas dezenas de vezes. Um pastor de tempo integral que prega durante quarenta anos também desfruta de tempo suficiente para fazer exegese de toda a Bíblia. E o que o leitor da Bíblia, especialmente o exegeta, acaba descobrindo? Ele descobre que as Escrituras contêm um sistema de doutrina. Com toda a Bíblia em mente, é possível afirmar o que ela ensina a respeito de Deus, dos seus decretos, da criação, da providência, da redenção, do livre-arbítrio, da justificação, do juízo, do céu, do inferno e de outros inumeráveis assuntos. As pessoas fracas em teologia sistemática, sem dúvida, são pessoas fracas no conhecimento da Bíblia.

O fato de que a Bíblia contém um sistema de doutrina tende a produzir um efeito imenso em nossa pregação. Cada passagem sobre a qual eu prego, ainda que seja pequena, é parte de um sistema de doutrinas e esta passagem contribui de alguma maneira para esse sistema. Isto deve se manifestar na pregação. Mas a passagem não contém todo o sistema e pode ser mal compreendida, se não tenho em mente todo o sistema, enquanto prego. Preciso da passagem para dar algum esclarecimento sobre o sistema e tenho de usar o sistema de doutrina para esclarecer a passagem. O fluxo tem de seguir ambas as direções. Se não o fizer, meu sermão pode tornar-se desequilibrado. Quem deseja ouvir sermões que não possuem harmonia doutrinária? E quem deseja pregar sermões que levem as pessoas ao erro?

A Bíblia é uma grande caixa repleta de pedras preciosas. É maravilhoso pegar cada pedra preciosa, examiná-la em detalhes e ser comovido por sua beleza. Mas, por que não dizer às pessoas que essas joias pertencem ao Rei que tem lugar para cada uma delas em sua coroa? Devemos permitir que as pessoas vejam como todas as joias se encaixam para adornar a coroa do Rei. Elas nunca esquecerão tal contemplação. E nunca mais olharão para cada joia como o fizeram antes.

A Bíblia é um glorioso jardim formado de sessenta e seis canteiros. Você, pregador, é o guia que o mostra às pessoas ao seu redor. Alguns guias levam as pessoas para que vejam um canteiro por vez. Isto é bom, porém há mais a ser visto em um jardim. Outros guias explicam que diferentes cores e subespécies estão em mais do que um canteiro e levam os visitantes a verem todas as flores vermelhas ou todas as plantas da família das rosas. Isto é bom, porém há mais para ser visto em um jardim. Por que não lhes mostrar que um plano divino decidiu o lugar de cada canteiro e o seu tempo de plantio, que o tom de cor e o formato de cada flor são partes de um padrão enorme e impressionante? Por que não pedir-lhes que se afastem e vejam que todas as coisas no jardim estão diretamente relacionadas umas com as outras? Por que ocultar-lhes o admirável fato de que todos os detalhes se combinam para formar um retrato perfeito do Proprietário?

Deixemos de lado, agora, a nossa figura de linguagem e retornemos mais diretamente ao assunto da pregação. Esta é a minha firme convicção: se no final de meu sermão os ouvintes entendem a passagem pregada, mas não têm um entendimento melhor do *sistema de verdades* ensinado na Bíblia, minha pregação é um fracasso.

Vou mais além. Se aqueles que me ouvem com regularidade não podem ver que a Bíblia ensina um sistema de doutrina e não podem começar a assimilar qual é esse sistema, tenho de duvidar, com seriedade, se o Cabeça da igreja me enviou realmente para pregar a "forma de doutrina" (Rm 6.17) e o "padrão das sãs palavras" (2 Tm 1.13) a respeito dos quais nos fala a Palavra de Deus. Sim, pregadores cujos sermões não têm conteúdo doutrinário devem abandonar a pregação. O Senhor não os enviou.

O que acontece quando a pregação não tem conteúdo doutrinário?

Para enfatizar a importância do que acabei de dizer, quero mostrar-lhe o que acontece quando a pregação não tem conteúdo doutrinário.

1) Deus não é adorado e amado como deve ser

As pessoas que não tem assimilado o sistema de doutrina contido na Bíblia não sabem quem é Deus. Elas não entendem o que significa ser Deus um Espírito. Não compreendem que existem coisas a respeito dEle as quais não podemos falar a respeito de qualquer outro ser. Por exemplo, Ele é infinito, eterno e imutável. Não entendem que Deus é infinito, eterno e imutável em seu Ser e em tudo que Ele é. O resultado é que o temor de Deus não lhes domina o coração. Não sabem o que significa buscar a Deus em tremor afetivo. Sua vida não tem senso de admiração. Falta à vida espiritual dessas pessoas toda uma dimensão.

Não existe outro Deus. Ele é o Deus verdadeiro porque é o Deus vivo. Contudo, embora exista um único Deus, há três pessoas que são Deus — o Pai, o Filho e o Espírito Santo. Cada um dEles é Deus em seu próprio direito e no mesmo sentido. Eles são distintos, mas iguais em poder e glória. Mas não existem três deuses. A pessoa que sabe tudo isso vive perplexa. Ela experimenta admiração desconcertante. Ele crê no que Deus tem dito a respeito de Si mesmo e se prostra diante do mistério. Esta é, também, uma dimensão que falta à pessoa fraca em doutrina.

Deus tem um propósito eterno que não depende de nada, exceto do que Ele mesmo decidiu. Uma vez que Ele é Deus, Ele ordena todos os acontecimentos em todos os lugares, de tal modo que seu propósito se cumpre e seu nome é glorificado. Tão-somente por meio de sua palavra, Ele criou do nada todo o universo, para que seja o palco desses acontecimentos; e Deus controla pessoalmente tudo e todos nesse palco. Portanto, aqueles que são instruídos doutrinariamente estudam a história, lêem jornais e recebem todas as alegrias e emoções da vida, de um modo completamente diferente de como as recebe a pessoa que é doutrinariamente ignorante. Olham para o céu e dão graças por todas as coisas.

2) A natureza trinitariana da salvação não é admirada

A melhor e mais elevada criação de Deus é a raça humana. O que nos torna distintos é que fomos criados à imagem de Deus. É triste observar que milhões de pessoas que ouvem sermões com regularidade não têm qualquer ideia do que isso significa. Sabem pouco ou nada a respeito da extraordinária dignidade que possuem e da humildade com a qual deveriam andar neste mundo.

Toda a nossa raça descende de um único casal, e por meio deste casal Deus entrou em aliança com todos nós. Ele prometeu vida aos que Lhe obedecessem e morte aos que Lhe desobedecessem. Nossos primeiros pais escolheram desobedecer e, com uma única Exceção, todos nós desobedecemos. Como resultado, a imagem de Deus em nós foi deformada, nossa natureza foi corrompida e deturpada de modo irreversível. Agora, vivemos cada dia em impiedade. Não nos regozijamos mais em Deus, nem sabemos nada a respeito da doçura íntima de andar com Ele. Em vez disso, vivemos sob o desprazer dEle e somos objetos de sua ira. Cada revés da vida tem o propósito de nos lembrar isso. Nesse ínterim, a morte espera para ceifar os homens, e o inferno aguarda para queimá-los.

Aqueles que são doutrinariamente imaturos não lamentam a queda da raça humana. Não percebem que a situação da raça humana é terrivelmente ruim — e não perceber isso é pecado. Tais pessoas raramente pensam (se pensam) na quebra da aliança da vida e nas consequências desastrosas que afetaram a todos nós. Por isso, não O invocam, com alívio, quando ouvem sobre a aliança da graça. De fato, a maioria dessas pessoas nem sabe o que é a "aliança da graça"! Nunca cantaram nem se alegraram com a música desta doutrina.

Enquanto Deus é Deus, há milhões de pecadores que Ele amou de maneira especial. Por razões pessoais, Deus resolveu salvá-los da corrupção e ruína de sua vida desobediente, para lhes outorgar seu favor e vida eterna. Ele planejou fazer isso por meio de um Redentor. Este Redentor é o Senhor Jesus Cristo, o eterno Filho de Deus, que se tornou homem e permanece o Deus-Homem.

Inúmeros pecadores vivem, morrem e são condenados. Mas alguns entendem o caminho de salvação. Isso acontece porque o Senhor Jesus é o *profeta* deles. E o Senhor Jesus por meio do seu Espírito, se revela a eles. Eles estão cheios de pecado, mas Jesus viveu uma vida perfeita em favor deles. Mereciam perecer, porém Jesus fez isso por eles. Não podem se aproximar de Deus, mas Jesus intercede por eles; e faz isso porque é o *Sacerdote* deles. Não podem crer; todavia, Jesus lhes dá fé. Não são capazes de continuar crendo, mas Jesus lhes dá poder. E faz isso porque é o *Rei* deles.

Da glória celestial, Cristo veio ao mundo, à cruz e ao sepulcro. Ele retornou ao mais elevado de todos os lugares como uma Pessoa que é tanto Deus como homem. Ele envia o seu Espírito aos milhões que salvou; e, deste modo, eles entram realmente no gozo da salvação. Vêem seu pecado e sua ruína, entendem o que Cristo fez e entregam-se completamente a Ele.

Aqueles que entendem a doutrina cristã são humilhados em saber que o Pai sempre teve um amor especial por eles, a ponto de lhes dar seu Filho. Lágrimas calorosas brotam de sua face, enquanto sussurram: "O Filho de Deus, que me amou e a si mesmo se entregou por mim" (Gl 2.20). Com gratidão surpreendente, eles falam sobre como o Espírito de Deus agiu em sua vida e os levou a confiar em Cristo, para se beneficiarem pessoalmente da vida, morte e ressurreição dEle. Para eles, Deus Pai é o seu Salvador,

Deus Filho é o seu Salvador, e Deus Espírito Santo é o seu Salvador. Eles não podem pensar de outra maneira, e isso os distingue daqueles que nunca ouviram a pregação que tem conteúdo doutrinário.

3) Os crentes ignoram seus privilégios

Com certa frequência, os crentes dão seu testemunho nos cultos. Falam a respeito do que eram antes de serem convertidos, como foram salvos e o que aconteceu desde então. Você pode dizer muitas coisas sobre um crente ao ouvir o seu testemunho. Por exemplo, pode dizer se ele ouve ou não pregações que têm conteúdo doutrinário.

Quando pessoas vêm a Cristo, recebem imediatamente inúmeras bênçãos. Recebem também a certeza de que desfrutarão de mais bênçãos depois da morte e na ressurreição. Algumas das bênçãos que recebem imediatamente são primárias, enquanto outras são secundárias e acompanham ou resultam das primárias. Duas das bênçãos primárias são recebidas em toda a sua plenitude, enquanto uma dessas bênçãos é recebida em parte, sendo acrescentada dia após dia.

Quais *são* as bênçãos da vida cristã? Quais delas desfrutamos agora? E quais receberemos depois? Quantas são as bênçãos primárias? Quantas são as bênçãos secundárias? Quais das bênçãos primárias podem ser descritas como *atos* e quais podem ser descritas como *processos*? As pessoas que ouvem pregações ricas em doutrina podem responder essas perguntas e dar um testemunho que reflete o cristianismo encontrado na Bíblia. As pessoas que não ouvem esse tipo de pregação não podem fazer nem uma coisa nem outra e, por isso, têm uma vida cristã relativamente pobre.

A primeira das bênçãos da vida cristã é a *justificação*. Não é a mais elevada das bênçãos, mas é uma das quais dependem todas as outras bênçãos. A justificação é algo que Deus faz. É um ato que flui da sua generosidade. Ele perdoa todos os nossos pecados e nos considera justos, como Ele é! Isso acontece porque todos os nossos pecados foram lançados na conta de Cristo e sua justiça imaculada foi creditada em nossa conta. Não somos justificados por causa de qualquer coisa que tenhamos feito; somos justificados totalmente por causa do que Cristo fez por nós. Tornamo-nos justificados no exato momento em que nos entregamos ao Senhor Jesus Cristo.

Quase todos os problemas interiores experimentados pelo crente se devem ao fato de que ele esquece sua justificação ou não a entende. Onde a justificação é pregada e entendida, ali há crentes felizes e ousados. Onde a justificação não é pregada e entendida, ali há pessoas medrosas e perseguidas por temores desnecessários. Muitas das dificuldades de nossas igrejas evaporariam, se a justificação fosse entendida como o deveria ser. Quão infeliz é a igreja em que esta doutrina é negligenciada ou pervertida!

A segunda grande bênção da vida cristã é a *adoção*. Este é o mais elevado privilégio que o evangelho nos oferece. É algo que Deus faz. É um ato que flui de sua generosidade. Ele declara que é nosso Pai e que somos seus filhos, abençoados com direitos e privilégios. Jesus, o eterno Filho do Pai, é nosso irmão mais velho. Todos os outros crentes, homens e mulheres, são nossos irmãos e irmãs. Um sentimento de família, outorgado pelo Espírito Santo, nos une. Os deveres familiares também nos pertencem. Mas, que cuidado o Pai demonstra para conosco e que liberdade temos em oração! Os crentes que não ouvem pregações doutrinárias regularmente não sabem muito a respeito da adoção e, tenho de dizer, caem facilmente em tristeza e todo tipo de legalismo.

A terceira grande bênção da vida cristã é a *santificação*. Isto também é algo que Deus faz, mas é um processo, e não um ato. Em outras palavras, não recebemos toda esta bênção imediatamente. Deus muda o nosso interior e sua imagem é renovada em nós. Esta mudança interior implica em que nosso comportamento começa a mudar. Pouco a pouco, devagar mas com certeza, pecamos menos e nos tornamos mais piedosos. Nos esforçamos em busca de santidade porque Deus está agindo em nós. A pregação doutrinária não somente nos mostra essa maravilhosa bênção, mas também as instruções de Deus para que tenhamos uma vida semelhante à de Cristo.

Todos os outros tipos de bênçãos acompanham essas três primeiras e resultam delas. Por exemplo, chegamos a desfrutar de uma segurança pessoal de que Deus nos ama. A paz invade nossa consciência. O Espírito Santo nos dá um gozo que jamais pode ser retirado. Tornamo-nos cada vez mais fortes em nossa vida espiritual. Apesar de todos os obstáculos e tentações, perseveramos em crer mesmo enfrentando risco de morte.

E o que acontece quando morremos? Muitos crentes morrem em tristeza porque não sabem a resposta para essa pergunta. A pregação de conteúdo doutrinário teria poupado essas pessoas da agonia dessa incerteza. Negligenciar o lugar da doutrina na pregação é insensibilidade e falta de amor pastoral.

A morte é a separação entre a alma e o corpo. A alma do crente, agora sem pecado, vai imediata e conscientemente à presença de Cristo, enquanto seu corpo permanece como propriedade de Cristo e aguarda a ressurreição. A ressurreição será um dia de glória para todo crente. Ele terá um corpo semelhante ao corpo ressurreto de Cristo. Será inocentado no julgamento do último dia e bem recebido no céu. Desfrutará a presença completa, perfeita e eterna de Deus. Ele será tão feliz quanto lhe será possível. Sim, o crente tem um futuro maravilhoso. Nenhum pregador deveria se manter em silêncio quanto a essas coisas.

4) Os crentes são confundidos a respeito de como viver

Estamos aguardando a vida no céu, mas ainda estamos na terra. Visto que somos crentes, quais devem ser nossas grandes prioridades? Que princípios devem governar nosso comportamento diário? Aqueles que não ouvem pregações doutrinárias nunca saberão responder essas perguntas.

Somos povo do Senhor e, por isso, temos um único dever: obedecer a Deus. Isto é tudo. É tão simples assim. Infelizmente, milhões de crentes acordam todos os dias completamente confusos a respeito do que Deus espera deles. Nenhum princípio bíblico rege as suas vidas durante todo o dia; e, como resultado, o viver deles é desordenado por meio de decisões imprudentes e inúteis. Frequentemente, eles não sabem o que fazer. Causam dores a si mesmos e trazem sofrimento à vida dos outros.

Tudo o que Deus sempre desejou é que Lhe obedeçamos. Isso era verdade no jardim do Éden e ainda é verdade hoje. Não importa o que somos, onde vivemos, as nossas circunstâncias, um princípio (apenas um princípio) é suficiente para nos guiar com segurança durante toda a vida: temos de obedecer a Deus.

Então, como descobrimos o que Deus quer? A sua Lei nos diz. Essa Lei consiste de 66 livros do Antigo e do Novo Testamento — nada mais, nada menos. A Bíblia nos fala a respeito de tudo o que precisamos crer e de tudo o que Deus quer que façamos. Precisamos de toda a Bíblia, mas não precisamos acrescentar nada à Bíblia. Ela é suficiente.

Mas temos um problema. Em média, a Bíblia impressa tem aproximadamente 1200 páginas. E muitos de nós não a conhecemos bem ou não a recordamos com facilidade. Então, como podemos praticá-la na realidade concreta de nosso viver diário?

Deus é nosso Pai celestial; e Ele é cheio de ternura. Ele nos deu um resumo do que espera de nós. Este resumo chama-se os Dez Mandamentos. Estes constituem-se de dez sentenças que Deus outorgou ao seu povo nos tempos do Antigo Testamento e que nosso Senhor Jesus Cristo ressaltou como normas para governar seu povo em todos os outros tempos. Nosso Senhor foi também bastante amável em nos dar um resumo do resumo! Ele disse:

"Respondeu-lhe Jesus: Amarás o Senhor, teu Deus, de todo o teu coração, de toda a tua alma e de todo o teu entendimento. Este é o grande e primeiro mandamento. O segundo, semelhante a este, é: Amarás o teu próximo como a ti mesmo. Destes dois mandamentos dependem toda a Lei e os Profetas (Mt 22.37-40).

Os Dez Mandamentos são maravilhosos. Eles nos mostram quem é o nosso Deus, por que devemos amá-Lo e como expressar esse amor. Os Dez Mandamentos nos dizem o que se passa em nosso coração, como devemos adorar, como devemos usar a língua e gastar o nosso tempo. Eles nos mostram como honrar a Deus na família e na comunidade. Os Dez Mandamentos nos ensinam a valorizar a vida, o casamento, a propriedade e a verdade. Eles nos revelam como viver contentes nesta vida e preparar-nos melhor para a vida futura. São tão simples que quase todos podem recordá-los facilmente; tão profundos que até aqueles que gastam sua vida estudando-os continuam a sentir-se admirados pela sabedoria dos mandamentos. Os Dez Mandamentos aparecem, de um modo e de outro, em toda a Bíblia e são incorporados com beleza na vida de Cristo. Eles nos mostram o quanto necessitamos de Cristo e se cumprem nEle.

Os crentes que ouvem pregações doutrinárias não precisam tatear na escuridão durante a vida. Eles vêem com clareza o caminho e andam com seu Senhor. Fazem isso com prazer, sem murmurar, e não com insatisfação. E desfrutam de maravilhosa liberdade, porque sua consciência não se vê obrigada a qualquer outra coisa, a não ser o que Deus exige de modo específico em sua Palavra. Certamente, a santidade e a felicidade deles são imperfeitas. Mas, apesar disso, são um antegozo do que os aguarda no céu.

5) O testemunho pessoal é pobre

Onde os crentes não ouvem pregação doutrinária, eles ficam confusos não somente a respeito de como viver, mas também a respeito do que falar aos incrédulos. O resultado disso é que há poucos crentes que conhecem a alegria de ganhar almas. Em todo o mundo, o Senhor tem seu povo vivendo entre os não-convertidos, viajando nas mesmas formas de transporte, trabalhando ao lado deles nas fábricas, escritórios, fazendas, universidades e escolas. Muitos crentes trabalham em lugares aos quais nenhum pastor ou missionário jamais poderá ir. Que oportunidade para disseminar o evangelho! Mas, frequentemente, a oportunidade é desperdiçada, porque os crentes não sabem o que dizer.

Assim como todos os outros crentes, aqueles que são instruídos doutrinariamente enfrentam o problema do temor. Sentem temor de falar. Mas, uma vez que falam, não lhes faltam palavras. Sabem a mensagem que possuem para apresentar. E isso acontece porque a pregação doutrinária os instruiu sobre o assunto que os não-convertidos precisam saber.

As pessoas não-convertidas precisam ser lembradas de que conhecem a Deus, embora não O conheçam como Pai e Amigo. Talvez elas dêem as costas e protestem dizendo que isto não é verdade, mas o crente tem de continuar insistindo que esta é a situação delas e que dar as costas e protestar é um exemplo de como homens e mulheres suprimem a verdade. Estão negando abertamente o que o seu íntimo sabe que é verdade. Não são honestos. São culpados de engano. Os seus lábios e corações contradizem um ao outro.

As pessoas não-convertidas precisam ouvir que sua culpa é ainda maior do que isso. Em seu coração, elas têm um senso de certo e errado. Sabem que a Lei de Deus é correta e, apesar disso, desobedecem-lhe em pensamentos, palavras e ações. Fazem isso todos os dias. Assim, enfurecem todos os dias o Deus que as criou e a quem terão de prestar contas. A vida é breve, a morte é certa, e o julgamento do último dia chamará essas pessoas ao acerto de contas. Se continuarem a se rebelar contra Deus; se continuarem recusando-se a amar a Deus com todo o seu ser, terão de sofrer as consequências. Ele é infinito e eterno. Esse é o Ser que elas tem ofendido. Portanto, a justiça exigirá uma punição que também é infinita e eterna.

Os crentes que são instruídos com doutrina estão certos de tudo isso. Estão certos de que esta mensagem tem de ser apresentada com amor e interesse, por meio das pessoas que vivem de modo semelhante à vida de Jesus e que tal mensagem não pode ser minimizada. Estão certos também de que têm de falar ao não-convertido a respeito do Senhor Jesus. Deus não quer que os pecadores se percam. Os pecadores não podem fazer compensação pelo passado, nem salvar a si mesmos. Deus enviou um Salvador que, por meio de sua vida, morte e ressurreição, salva os pecadores. O crente instruído doutrinariamente convida, exorta e ordena aos não-convertidos a não desprezarem este Salvador, e sim a entregarem-se aos cuidados dEle, a confiarem-se a Ele e a viverem sob o seu cuidado e governo.

As pessoas não-convertidas têm de se arrepender. Precisam ver o seu pecado, admiti-lo, envergonhar-se por causa dele e abandoná-lo. Têm de ser gratas pela bondade e misericórdia de Deus e vir a Cristo, dispondo sua mente a amá-Lo e segui-Lo. Precisam entender que seguir significa viver pela Palavra dEle, associando-se abertamente com o povo dEle, em uma igreja que ama o evangelho, e andando com Ele, em oração.

O crente instruído doutrinariamente não procura tornar o evangelho uma mensagem "amigável", embora a amizade sincera seja parte da vida desse crente. Ele fala a respeito do pecado, da culpa, da ira de Deus e do inferno. Fala a respeito da bondade de Deus, de seu Filho e de sua disposição de salvar. Esse crente não oculta o fato de que ninguém é salvo sem arrepender-se. Ele roga às pessoas que venham a Cristo. Mostra que vir a Cristo não é algo que ocorre apenas de palavra, mas envolve obediência às Escrituras, uma participação ativa na vida da igreja de Cristo e um compromisso com a oração.

Aqueles que são fracos em doutrina sempre têm uma mensagem que não é um verdadeiro reflexo da mensagem da Bíblia. A mensagem deles normalmente não começa com Deus. Tendem a enfatizar as necessidades das pessoas, e não a sua culpa. Com frequência, trivializam o assunto do arrependimento. Muitas vezes, fazem uma apresentação confusa das grandes verdades salvadoras do evangelho. Quase deixam de mostrar que vir a Cristo significa ser comprometido com uma congregação de membros do povo dEle. Em resumo, a mensagem deles é fraca e sem poder, em vez de robusta, exigente, gloriosa e emocionante. Não é uma surpresa que o verdadeiro evangelho esteja se propagando tão lentamente no mundo!

6) O caminho de santidade é obscurecido

Os crentes doutrinariamente ignorantes também são fracos em outras áreas. Em particular, são fracos a respeito de como tornar-se um homem ou uma mulher de Deus. Não entendem como os crentes se desenvolvem. Não sabem como se tornar espiritualmente fortes.

Neste século XXI, podemos encontrar exemplos disso em todos os lugares. Milhões de crentes modernos têm a impressão de que a santidade é algo que você *absorve*. Você pode cercar-se de uma atmosfera santa, e alguma coisa lhe acontecerá. O Senhor se aproximará de você, e você se sentirá fortalecido e capaz de retornar à sua vida normal com um senso de vigor e poder espiritual.

Esta maneira de ver as coisas explica por que a música ocupa um lugar importante em muitos encontros e igrejas evangélicas. Às vezes, os crentes utilizam a música durante mais da metade do tempo de culto. À medida que as músicas continuam a ser tocadas, as pessoas se sentem cada vez mais comovidas e elevadas. Sentem que as coisas espirituais lhes são preciosas e que o Senhor está se encontrando com elas. Sentem que o Espírito Santo está agindo entre elas, que o mundo não é atraente e que será maravilhoso estar no céu.

Escrevo isso como um homem que aprecia bastante a música e que ama o cantar os salmos, bem como qualquer hino excelente, quer tradicional, quer moderno. Mas os fatos são fatos, e não podemos negá-los. É fato que a igreja do Novo Testamento não era particularmente musical e que o cantar juntos não ocupava grande parte de sua vida. É fato que a igreja de Jesus Cristo gastou os primeiros seiscentos anos de sua vida sem instrumentos musicais. É fato que os apóstolos de nosso Senhor e os crentes da igreja primitiva ficariam confusos pelo lugar dado à música, se participassem de um culto em nossos dias.

Os crentes instruídos doutrinariamente podem ser verdadeiros amantes da música, mas são cuidadosos em não dar à música um lugar importante em sua vida espiritual. Isso acontece porque eles sabem como se realiza o crescimento espiritual. Não é algo que você embebe ou absorve. Não é algo que lhe acontece porque você está numa atmosfera espiritual. Pode ser expresso corretamente em sentimentos, mas você não o consegue por meio de sentimentos. Você cresce espiritualmente porque o Espírito Santo faz as Escrituras terem impacto sobre a sua *mente*.

As Escrituras são a Palavra de Deus. Isto é verdade quer você lhes esteja dando atenção, quer não. Às vezes, quando as Escrituras são lidas, nossa mente está distante. Nesses momentos, as Escrituras não têm qualquer efeito sobre nós, e não há crescimento espiritual. Mas, em outras ocasiões, as Escrituras nos atingem. Recebemos algum entendimento do que elas estão dizendo, e, ao mesmo tempo, as Escrituras nos estimulam e nos compelem. Isto não é tudo. Também percebemos que temos de colocá-las em prática. É *neste momento* que somos fortalecidos espiritualmente.

É a vontade do Senhor que as Escrituras sejam lidas publicamente, quando o seu povo se congrega. Isto é ainda mais importante do que a leitura bíblica pessoal. Como posso dizer isso? Por que Deus não deu a sua Palavra a indivíduos, e sim à sua igreja; e a Bíblia é mais abençoada e mais bem entendida quando à sua volta se reúne o povo de Deus.

No entanto, a leitura pública das Escrituras não é o bastante. Nosso Senhor Jesus Cristo, assentado à destra de Deus, envia à igreja homens que Ele capacitou para ensinar as Escrituras ao seu povo. Assim como a pregação é o principal meio pelo qual os pecadores são convencidos da verdade do evangelho e convertidos, assim também a pregação é o principal meio de Deus para edificar o seu povo em santidade, de confortá-los e preservá-los na fé até ao fim de suas vidas. Nenhum crente pode crescer como deveria, se não ouvir muita pregação. É uma impossibilidade. Evidentemente, este fato exige que os pregadores façam bem o seu trabalho — e explica por que este livro sobre pregação é mais importante do que alguns possam imaginar.

Os crentes instruídos doutrinariamente sabem tudo isso. Também sabem que essa pregação tem de ser ouvida de certa maneira. Pregar é tão vitalmente necessário ao nosso vigor espiritual, que temos de fazer todo esforço para ouvi-la com regularidade. Antes de ouvi-la, precisamos preparar o coração e orar em favor dos pregadores. Durante o sermão, precisamos rejeitar o que é falso, crer e amar o que é verdadeiro. Quando o sermão acabar, precisamos tomar tempo e esforçar-nos para recordá-lo, cuidando para colocá-lo em prática. Esta é a maneira de crescermos espiritualmente. Esta é a maneira como Deus nos dá um caráter cristão.

7) A vida da igreja não é ordenada

A vida da igreja é mais do que apenas reunir-se com outros crentes para ouvir os sermões. Esta é a atividade mais importante da igreja, mas não é a sua única atividade, conforme deixarão claro os sermões fundamentados na Palavra de Deus.

Crentes instruídos doutrinariamente entendem a vida da igreja. Sabem que, se uma pessoa afirma ter se arrependido e depositado a sua confiança em Jesus, essa afirmação tem de ser examinada. As pessoas mais qualificadas para este exame são os homens espiritualmente maduros que constituem a liderança de uma igreja amável, fundamentada nas Escrituras. Se a afirmação parece estar bem fundamentada nas Escrituras, o novo convertido tem de ser batizado e admitido na comunhão da congregação.

É somente nesse contexto que um novo crente pode amadurecer apropriadamente. A igreja local recebe o novo crente como um novo irmão ou irmã em Cristo. Fornece amor, entendimento, apoio, ajuda prática, ensino, disciplina corretiva e tudo mais que um novo crente possa necessitar. É por meio da perseverança na fé, em um contexto de igreja local, que damos prova de que somos realmente nova criatura em Cristo e membros da verdadeira igreja, que inclui todos os crentes, em todos os lugares, em todas as gerações.

Um dos compromissos mais sublimes e regulares na vida da igreja local é a Ceia do Senhor. É a vontade de Cristo que nossa vida espiritual seja fortalecida não somente por sua Palavra e pela oração, mas também pelas suas ordenanças ou sacramentos. Algumas pessoas não gostam da palavra "sacramento" mas, uma palavra melhor nunca foi encontrada. O batismo é o primeiro dos sacramentos ou ordenanças, e a Ceia do Senhor é o segundo. Nenhum desses atos pode nos tornar melhor, se Cristo não os abençoar e seu Espírito não agir por meio deles. Estas ordenanças são figuras vívidas que nos ensinam a respeito de Cristo e de seu evangelho, que nos dão uma apreciação mais completa do que Ele fez por nós, que nos fortalecem a fé nEle e o desfrutar dEle.

Quando nos tornamos crentes, somos batizados um de cada vez e uma única vez. O batismo é nosso selo de discipulado. É feito em nome do Pai, do Filho e do Espírito Santo, para demonstrar que agora temos o Deus triúno como nosso Salvador e Senhor e que devemos nossa salvação completamente à sua graça, e não a qualquer coisa em nós mesmos. A Ceia do Senhor é diferente. É algo que celebramos juntos como membros da igreja e que fazemos com regularidade durante toda a nossa vida. Da maneira como Cristo ordenou, todos juntos comemos o pão e bebemos o vinho. O pão representa o corpo de Cristo e o vinho, o seu sangue. Por comermos e bebermos, lembramos e proclamamos a morte dEle. Quando fazemos isso (na medida em que temos consciência do que estamos fazendo), nosso coração se une com o dEle, somos nutridos e fortalecidos espiritualmente. Nosso coração também se une com o de cada crente em comunhão de amor. A Bíblia nos ensina que o nosso interior é realmente mais importante do que celebrações e símbolos exteriores, porque, se nosso coração não está naquilo que celebra, toda a experiência será espiritualmente prejudicial.

Qual a relação de tudo isso com a pregação? Estamos desenvolvendo o argumento de que a pregação precisa ter um conteúdo doutrinário e de que a pregação sem esse conteúdo rouba de seus ouvintes incontáveis benefícios. Milhões de crentes manquejam em fraqueza espiritual, porque nunca entenderam que é impossível fazerem progresso espiritual, se não são membros de uma igreja verdadeiramente evangélica. Quantas pessoas confessam ser crentes, mas nunca tiveram sua confissão examinada por qualquer outra pessoa, além delas mesmas? Quantos crentes existem que jamais foram batizados e que vivem em franca desobediência a Cristo, por não se comprometerem com uma igreja fundamentada nas Escrituras?

Quantos crentes existem que consideram a participação na Ceia do Senhor como algo que podem perder sem retardar o seu desenvolvimento espiritual? Quem pode calcular o número de crentes que realmente crê que é mais importante ler a Bíblia sozinho do que ouvi-la em uma pregação? Onde estão os crentes que são ousados a ponto de *defender* o ensino bíblico de que a igreja local é o *único* lugar apropriado para a nutrição de um crente jovem? O que podemos dizer sobre o abandono quase universal da disciplina por parte da igreja, a despeito do fato de que a disciplina na igreja é um mandamento de Cristo? E quando presenciaremos o fim da mentira que nos diz que podemos tomar com seriedade a confissão de alguém que declara ser membro da igreja de Cristo, ainda que não tenha compromisso com uma igreja local?

O que pode ser feito? Há algo que possa arrumar essa bagunça? Sim, apenas uma coisa — um retorno à pregação que tem conteúdo doutrinário.

8) A oração se torna superficial

Não podemos terminar este capítulo sem dizer algo mais a respeito da oração. Todos os crentes lhe dirão que orar é importante. A maioria deles lhe falará que começamos a vida cristã com oração e que precisamos dela em todos os dias posteriores à nossa conversão. Mas, o que *é* realmente a oração? Esta é a pergunta que deixa muitos crentes hesitantes, porque sabem que a sua resposta não é clara nem completa.

O crente instruído com pregação doutrinária não tem esse problema. Ele sabe que a oração não é uma questão apenas de palavras, embora seja expressa com palavras. A oração é uma coisa do coração. É o coração tornando os seus desejos conhecidos a Deus. O sublime desejo do coração é que Deus lhe conceda somente o que *Ele* quiser.

O crente sabe que não tem acesso à presença de Deus, exceto por meio de Cristo. Assim, ele apresenta seus desejos a Deus, confiando totalmente em Cristo. Também sabe que o pecado é a única coisa que impede a comunhão com Deus. Por isso, confessa todo pecado conhecido. Além disso, não vê a oração apenas como um simples ato de fazer petições. Tem o desejo de agradecer a Deus por todas as demonstrações de sua bondade.

À medida que os desejos ascendem a Deus provenientes de um coração que ora, tais desejos não fluem como uma torrente incontrolável, porque há um desejo que controla todos os demais: obedecer a Deus. As pessoas de mentalidade espiritual sabem: Deus não quer que elas orem de um modo confuso e desordenado. Isto é verdade porque Ele nos dá muitos exemplos de oração em sua Palavra, mas especialmente porque seu Filho ensinou os discípulos a orar. A Oração do Senhor deve ser o nosso modelo. Os arquitetos não preparam modelos a fim de viverem neles, e sim para usá-los como base de suas construções. De modo semelhante, a alma consagrada à oração não se satisfaz em recitar a Oração do Senhor, mas usa-a para organizar os desejos que fluem de seu íntimo.

Então, é raro que a verdadeira oração seja dirigida a Jesus ou ao Espírito Santo. A oração se expressa com dependência, amor e temor ao Pai. A oração nutre grandes pensamentos sobre Ele e deseja que os outros façam o mesmo. Suplica que o mal seja aniquilado, que o reino de Deus se propague em todo o mundo e que seu reino final venha em breve. Anela que a igreja na terra seja tão obediente a Deus como os anjos eleitos o são, no céu. Pede que sejam supridas as necessidades diárias de cada membro da igreja de Cristo. Em profunda consciência de seu pecado, roga perdão, mas tão-somente sob a condição de que seja governada por um espírito perdoador. Treme ao pensar no pecado, roga que seja poupada da tentação, implorando que nunca seja vítima do poder das tentações do Maligno. Com alívio, descansa no fato de que Deus é o Rei eterno e de que, ao orar, falou com ninguém menos do que Ele mesmo.

Poucos crentes modernos são gigantes na oração. As orações proferidas em nossos cultos são superficiais, banais, repetitivas e, às vezes, heréticas.

Raramente ouvimos algo que segue o padrão bíblico, fazendo que nos envolvamos com Deus, deixando-nos emocionados, humildes e enobrecidos. O que aconteceu? A verdadeira oração nos abandonou para sempre? Alguma coisa pode mudar esta situação?

A verdadeira pregação bíblica pode mudar a situação. Não é uma pregação que possui apenas exatidão exegética; é uma pregação que possui também conteúdo doutrinário. Se Deus a abençoar, ela curará todos os males e tristezas, e corrigirá todos os erros que mencionamos neste capítulo. A pregação que não tem conteúdo doutrinário está arruinando a igreja. Não podemos permitir que as coisas continuem assim. Temos de mudá-las e o faremos, com a ajuda de Deus — por meio de um retorno à pregação ousada, sincera, cristocêntrica e de conteúdo doutrinário.

Exercício

1. "Sem teologia, não há pregação, pelo menos no sentido expresso no Novo Testamento" (Donald MacLeod).[1] Discuta esta afirmação.
2. Faça um esboço de um sermão que você pregaria sobre 1 Samuel 3, alistando o ensino doutrinário que incluiria.
3. Apresente sugestões práticas a respeito de como todas as principais doutrinas da fé podem ser ensinadas na igreja.

Notas

1 MacLeod, Donald. Preaching and Systematic Theology. In: Logan, Samuel T. (Ed.) *Preaching*. Welwyn: Evangelical Press, 1986. Capítulo 19, p. 246.

3
Estrutura Clara

Já aprendemos o que é pregação. Aprendemos também que a nossa pregação tem de ser caracterizada por exatidão exegética e conteúdo doutrinário. Mas todo o nosso trabalho árduo será desperdiçado, e todas as oportunidades serão perdidas, se nossos ouvintes não puderem acompanhar-nos, quando falamos, e depois não puderem recordar o que pregamos. A boa notícia é que isso não precisa acontecer. Nossos sermões podem ser fáceis de ser acompanhados e relembrados, se tiverem uma *estrutura clara*.

Os pregadores que amam seus ouvintes são meticulosos quanto à estrutura de seus sermões. Sabem que as pessoas compreenderão os sermões, se eles tiverem unidade, ordem e proporção. *Unidade* significa que todas as partes da mensagem se mantêm unidas; a mensagem não é formada de vários sermonetes desconexos. *Ordem* significa que o sermão é formado de ideias distintas que seguem umas às outras, em uma cadeia lógica que conduz a um clímax. *Proporção* significa que cada ideia tem o seu devido lugar; as coisas insignificantes não são magnificadas, e as importantes não são menosprezadas. O pior dos pregadores na terra melhorará imediatamente, se lembrar estas três palavras.

Com frequência, tenho ouvido que "ordem é a primeira lei do céu". Certamente, Deus é um Deus de ordem. Alguém que já refletiu sobre a Santa Trindade sabe que existe ordem e simetria no ser de Deus, uma ordem e simetria que é extasiante em sua beleza. Desordem pode ser um sinônimo de impiedade.

Durante muitos anos, dei palestras sobre pregação em uma faculdade teológica, ou, como também é chamado, um seminário. Meus alunos eram homens treinados para o ministério pastoral e para a obra missionária transcultural. Todos eles queriam ser pregadores convincentes. Mas eu sabia que alguns deles provavelmente não o seriam, e quanto a isso eu raramente errava. Isso acontecia porque eu os visitava em seu dormitório ou em seu lar.

Permita-me falar sobre um aluno que chamarei de Frank. Toda vez que o visitava em seu dormitório, ele estava vestido com roupas limpas e passadas, fazendo seus trabalhos em uma mesa arrumada, num quarto limpo e organizado. Suas roupas estavam dobradas primorosamente nas gavetas ou penduradas em seu guarda-roupa. Ordem era algo importante para Frank. Mas o asseio de Frank não era algo parecido com o asseio fanático que torna os visitantes desconfortáveis. Ordem fazia parte da *alma* de Frank. Por isso, eu espera que ele se tornasse um excelente pregador. E isso de fato aconteceu. Ele prega mensagens penetrantes e sermões poderosos nos quais as ideias seguem umas às outras, em uma lógica atraente que até as crianças podem acompanhar, sem esforço. As pessoas da igreja de Frank o amam e sua utilidade cresce ano após ano.

Falarei sobre outro aluno chamado George, que é o contrário de Frank. O quarto de George parecia um cômodo que uma bomba havia atingido! Nunca estava limpo! O chão estava coberto de roupas, xícaras, livros e pedaços de papel. A mesa de George estava repleta de desordem. Por isso, ele fazia a maioria de suas tarefas assentado em uma cama repleta de bagunça. Ele não valorizava a ordem. Esta não fazia parte de sua vida, nem de sua pregação. O que George dizia era bom, mas suas ideias não eram organizadas. De sua boca saía um misto de tesouros que caíam uns sobre os outros e confundiam a mente dos ouvintes. Depois de uma pregação tão ruim, realizada durante muito tempo, posso lhe dizer com alegria que George está fazendo algum progresso — somente por que, *finalmente,* ele está começando a ver a importância de uma estrutura clara.

Estrutura clara significa que cada sermão pregado terá uma introdução, algo a dizer (tradicionalmente chamado "o discurso") e uma conclusão. Consideraremos agora cada um desses elementos.

1) A introdução

Definição

A introdução é composta de observações iniciais que preparam os ouvintes para tudo que será dito em seguida. Este capítulo começou com uma introdução! A introdução é a porta que o recebe em casa, a aurora que precede o nascer do sol, o prelúdio que o faz desejar ouvir toda a sinfonia, e o petisco que lhe estimula o apetite antes de sua refeição.

Propósito

A introdução tem apenas um propósito: deixar as pessoas interessadas pelo assunto sobre o qual o pregador falará. Quando nos levantamos para pregar, temos todos os tipos de pessoas diante de nós e todos os tipos de obstáculos a vencermos. Um obstáculo é a a*patia:* o ouvinte não está interessado em qualquer coisa que será dita. Outro obstáculo é a *antipatia:* o ouvinte está realmente contra nós e contra aquilo que falaremos. Outro obstáculo é a *incredulidade:* o ouvinte não crê no Livro sobre o qual pregaremos. De uma maneira ou de outra, temos de preparar cada pessoa ali presente para ouvir o que temos a dizer. Precisamos vencer a inércia, despertar a atenção, estimular o interesse e preparar o caminho. Temos de tirar as pessoas de onde elas estão e trazê-las ao ponto em que nos darão ouvidos atentos.

"Qual é a melhor maneira de obter a atenção dos ouvintes?", perguntou um jovem pregador. "Dê-lhes algo ao qual possam ficar atentos", respondeu um velho crente.

Uma história antiga nos fala sobre um camponês russo que tinha um jumento teimoso. Obedecia o seu dono somente quando queria! E isso era muito raro! Mas o camponês ouviu falar sobre um veterinário que afirmava ter um método indolor para treinar jumentos a serem obedientes. Por isso, o camponês suplicou ao veterinário que viesse ao seu sítio. Ao ver o jumento, o veterinário tirou de sua maleta um grande bastão de madeira e começou a espancar a cabeça do jumento. "Pare! Pare!", gritou o camponês. "Você me disse que seu método de treinamento era sem dores!" O doutor respondeu: "É mesmo! Mas, primeiro, tenho de ganhar a atenção do jumento!"

É fácil pregar a ouvintes que nos dão toda a sua atenção e se mostram interessados no que vamos dizer. Um antigo provérbio diz: "Quando começamos bem um trabalho, já fizemos a metade dele".

Sugestões

A introdução deve nos levar diretamente ao discurso. Não é um desvio, e sim a própria rodovia que nos conduz ao assunto de nossa pregação. Tudo que dissermos na introdução deve servir a este único propósito.

A introdução não deve prometer mais do que o sermão pode dar-nos. Algumas introduções são tão boas, que o sermão apresentado em seguida é um anticlímax. Se a porta é impressionante, esperamos que a casa, depois da porta, seja muito mais impressionante. Sempre é um desapontamento atravessar uma linda porta e entrar num barracão horrível!

A introdução deve conter um único pensamento. Deve ser simples e modesta. Quem deseja passar de uma porta a outra, que, por sua vez, leva a outra porta?

É importante variar nossa introdução. Passei grande parte de minha vida em uma casa com varanda, no centro de uma cidade. Em uma rua de casas com varanda, várias casas se unem umas às outras. Parecem todas iguais. Mas, ainda nesta situação, alguma variedade é possível. Pelo menos, cada casa pode ter uma cor diferente em sua entrada!

A introdução não deve ser muito longa. O Sr. Smith, um homem de negócios, chega cedo para uma reunião importante. Senta-se em uma cadeira no corredor e adormece. Pouco depois, a secretária bate em seu braço e o conduz à sala de reunião, onde o deixa com seus colegas, para prosseguirem seus negócios. O nome da secretária é Srta. Introdução.

A introdução leva as pessoas aos principais negócios do dia, mas *não* é o principal negócio. Seu alvo é despertar as pessoas e prepará-las para o que vem depois. Com certeza, o seu alvo não é despertar as pessoas e levá-las a dormir novamente. Ela precisa ser apresentada com cuidado para evitar confusão ou mal-entendido, antes que as pessoas ouçam as grandes verdades que serão explanadas.

Uma introdução longa é sempre um erro. Uma introdução breve raramente é um erro. Não devemos gastar tanto tempo arrumando a mesa, a ponto de que as pessoas cheguem a duvidar se jantarão alguma coisa!

Então, que cuidados devemos ter ao preparar a introdução! Queremos cativar as pessoas! Temos de meditar sobre quais serão nossas observações iniciais. Pregadores inexperientes talvez deveriam escrevê-las. Coloquemo-nos no lugar de nossos ouvintes e desenvolvamos maneiras de conquistar a atenção deles. Se, ao final da introdução, virmos as pessoas levantarem as suas cabeças e olharem diretamente para nós, saberemos que fomos bem-sucedidos.

Fontes

Quando procuro melhorar a minha introdução, onde posso encontrar algumas ideias? Livros sobre pregação geralmente têm muito a dizer sobre este assunto. Minha própria convicção é que todos precisamos conhecer nossos ouvintes tão bem quanto pudermos e usar discernimento e originalidade na maneira como os cativamos. De maneira tão rápida e atrativa quanto possível, queremos que fiquem entusiasmados com nosso assunto, sempre lembrando que a verdade apresentada em seguida é infinitamente mais gloriosa do que a introdução que a precedeu. Não tenho uma fórmula mágica. Boas introduções resultam de meditação, amor e oração por nossos ouvintes. Se tivermos esses três elementos, raramente seremos malsucedidos.

2) O discurso

Definição

A introdução é seguida por aquilo que tem sido tradicionalmente chamado de "o discurso". Mas o que é isso? É a verdade a ser ensinada a *estas* pessoas *logo após* a introdução. É constituída do material que o pregador se dispõe a comunicar naquele determinado sermão.

Um plano básico

Para levar eficazmente as pessoas a se convencerem desta verdade, preciso ter um plano. Afinal de contas, estarei ensinando *a verdade* ao povo. Meus pensamentos devem seguir uns ao outros em algum tipo de ordem preestabelecida; pois, do contrário, não chegarei a lugar algum. As pessoas têm de sentir que há movimento no sermão que as conduz em uma direção específica.

O plano de um sermão deve ser tão simples quanto possível, de modo que todos os ouvintes vejam aonde estão indo. É difícil dirigir em uma rodovia escura à noite. Mas, se há objetos sinalizadores no meio da rodovia, tudo fica mais fácil. Quando os faróis brilham, os objetos refletores aparecem aos nossos olhos um de cada vez. Temos abundância de orientação, antes de chegarmos a alguma curva ou sinuosidade.

Embora o plano seja simples, também deve ser agradável e impressionante. Se não o for, a congregação se desligará mentalmente. Todo crente falará consigo mesmo: "Já sei o que ele vai dizer". Porém, o plano não deve ser excessivamente brilhante, engenhoso ou esquisito. Precisamos de uma estrutura fácil de memorizar que não levará as pessoas a nos admirarem nem a nos rejeitarem, mas que fixará as suas mentes nas verdades que estamos apresentando.

É tempo de abandonarmos todos os planos de sermões que são difíceis, monótonos e enfadonhos, bem como aqueles que são brilhantes e emocionantes em demasia. É a verdade *de Deus* que estamos pregando! Nada deve torná-la difícil de ser assimilada, nem impedir que as pessoas lhe dêem atenção. Nossa razão para termos um plano surge de nosso intenso desejo de que cada pessoa não tenha qualquer problema em perceber o que significa a verdade de Deus.

A utilidade das divisões

A fim de nos mantermos em nosso plano e ajudar os ouvintes a percebê-lo com clareza, um sermão deve ter divisões ou subtítulos claros. Estes agem como postes sinalizadores em uma rodovia coberta de neve. Quando a neve está alta, o motorista não pode ver onde está a rodovia. É fácil sair do rumo e perder-se completamente. Postes intensamente coloridos marcando as margens da rodovia são tudo o que ele necessita. Se estes se encontram no devido lugar, o motorista está seguro.

Divisões, ou subtítulos, tornam o sermão fácil de ser acompanhado. Os ouvintes podem acompanhar o argumento que está sendo desenvolvido. Podem ver em que ponto estão e aonde irão em seguida. Não devemos esquecer que homem e mulher foram criados originalmente à imagem de Deus. Essa imagem foi horrivelmente distorcida e danificada, mas ainda está presente no homem; por isso, a mente humana não aprecia desordem e caos. Sermões sem divisões incentivam desordem mental nas pessoas.

As divisões tornam o sermão fácil de ser lembrado. Como a nossa pregação pode causar algum benefício duradouro, se as pessoas não podem recordá-la? Cada subtítulo age como uma haste em que podemos pendurar uma verdade recém-aprendida. Quando todas as hastes (subtítulos) estão em nossa mente, podem não somente nos trazer à memória todo o sermão, mas também dar melhor entendimento a respeito de como uma verdade se relaciona à outra.

Algumas regras sobre as divisões

As divisões ou subtítulos deixam de ser úteis quando são mal elaboradas. Estruturaremos bem nossos sermões, se as divisões satisfizerem as seguintes descrições:

Distinção

Cada subtítulo tem de ser distinto de todos os outros, não sendo uma repetição de qualquer deles. Precisa ter sua própria identidade. Deste modo, os ouvintes perceberão que o sermão possui progressão. Eles observarão que cada divisão está construída sobre a anterior e conduz à posterior. Cada subtítulo é distinto porque tem um lugar único no argumento.

Ordem, movimento e progresso

Um carrossel num parque de diversões tem ordem e movimento, mas não faz qualquer progresso. Quem deseja ouvir um sermão desse tipo? Uma multidão de rebeldes tem movimento e progresso, mas não possui ordem. Em bom estado mental, quem desejaria ouvir um sermão dessa natureza? Mas um exército em movimento possui estas três características. Vai a algum lugar e consegue alguma coisa. Precisamos dizer mais alguma coisa?

Acumulação

Um objeto em queda se torna cada vez mais rápido, à medida que cai. Por causa de sua energia acumulada, até uma bola de golfe poderia matar alguém, se fosse atirada de um lugar elevadíssimo. Um sermão deveria adquirir força, à medida que é pregado; e a força adquirida deveria ser expressa nos subtítulos. Todos deveriam saber com clareza que o argumento está se movendo para frente e ganhando força. Uma divisão deve levar naturalmente à seguinte, de modo que deixe claro que o fluxo de pensamento está canalizado e não desorientado. Cada divisão deve tornar os ouvintes mais e mais interessados no clímax que está por vir.

Abrangência

Antes de começar a falar, o pregador deve ser totalmente claro a respeito de quanta verdade ele tenciona comunicar. Em circunstâncias normais, ele deve se prender a isso e não acrescentar nada mais, exceto a explicação, as ilustrações ou as aplicações. Seus subtítulos devem prover um resumo conciso da verdade que ele está abordando. Devem extrair da laranja todo o suco que ele quer dar, nem uma gota a mais.

Naturalidade

Os subtítulos devem ser naturais e não artificiais. Em sua preparação, o pregador tem sempre de perguntar como o seu versículo, ou passagem, ou assunto, se divide naturalmente. Nada que não esteja no esboço deve ser imposto. Os subtítulos são alavancas que removem tesouros do solo, não são veículos que os transportam para algum lugar.

Poucas divisões

Um sermão não deve ter muitas divisões. Quando eu era menino, ainda era permitido por lei retirar os ovos do ninho de certos pássaros. Achar ninhos de pássaros era uma diversão favorita de muitas crianças e, em nossa família, fazíamos uma boa coleta. Se trouxéssemos um ovo para casa, nossos pais queriam saber quantos haviam no ninho. Se houvessem mais de quatro, nossos pais ficariam contentes. Como muitas outras pessoas, eles mantinham a teoria de que um pássaro só pode contar até quatro! Portanto, não sentiria falta do ovo roubado e não sentiria qualquer tristeza!

Não sei se essa teoria é correta ou não. Mas sei que as pessoas acham difícil seguir ou reter um sermão que tenha mais do que quatro pontos. Se há apenas dois pontos, é difícil manter o interesse das pessoas, ter progressão e introduzir muita variedade. Se há pontos demais, os sermões se tornam extremamente difíceis de serem lembrados. Esta é a razão por que é sábio fazer sermões com três pontos (a despeito de toda a gozação que existe a respeito disso) ou, no máximo, quatro.

Um sermão com três ou quatro divisões evita muitos perigos. A forma mais simples de lógica, o silogismo, se expressa em três pontos. Eis um exemplo de silogismo:

- Todos os carteiros usam uniforme azul e amarelo.
- João é um carteiro.
- Logo, João usa uniforme azul e amarelo.

Portanto, em um sermão de três pontos é possível ter não somente muita variedade, mas também um argumento lógico que conduz a um clímax ou uma conclusão. Devemos parar de rir dos pregadores que usam três pontos em seus sermões. Esse tipo de sermão tem sido uma boa ferramenta de ensino através dos séculos. Com muita frequência, sermões desse tipo têm sido usados maravilhosamente para apresentar com clareza a verdade de Deus.

Proporção

Como regra geral, cada divisão em um sermão deve ter o mesmo tamanho. Recentemente, ouvi um jovem pregador cuja mensagem tinha três pontos bem claros. Ele gastou vinte e três minutos no primeiro ponto; sete minutos, no segundo e apenas três, no último! A impressão deixada foi a de que ele gastou muito tempo em sua primeira divisão e nos desapontou nas outras duas. Sentimos que o sermão não tinha equilíbrio e que havíamos sido, misteriosamente, iludidos. Nenhum pregador deve causar esse tipo de impressão. As pessoas devem sair da igreja comovidas, emocionadas e subjugadas pela Palavra de Deus. A estrutura existe para servir à Palavra, não para nos afastar dela.

Persuasão

Se pensarmos cuidadosamente em nossos subtítulos, podemos escrevê-los de modo que sejam mais persuasivos. Em Mateus 6.1-18, nosso Senhor ensinou seus discípulos a respeito de obras de caridade, oração e jejum. Em cada ensino, Ele lhes disse primeiro o que *não* fazer; depois, o que *deviam* fazer. Este é um bom exemplo a ser seguido. O negativo deve preceder o positivo. Da mesma maneira, o abstrato deve anteceder o concreto; o falso vir antes do verdadeiro; afirmações, antes de apelos e exortações. Por que roubar da mensagem a sua força, quando, por meio de uma pequena consideração e reorganização, podemos torná-la mais convincente?

Atratividade

De modo semelhante, após meditar em todos os itens, podemos tornar nossos subtítulos mais atraentes. Afinal de contas, não anelamos que nossos sermões sejam interessantes, fáceis de seguir e mais fáceis de serem lembrados? Faremos progresso imediato apenas simplificando as palavras — "três ratos cegos" faz mais sentido às pessoas do que "um trio de roedores visualmente incapazes"! Um subtítulo colocado em palavras simples sempre tem mais poder do que um subtítulo colocado em frase extensa — por exemplo: "Uau!" é mais fácil de ser memorizado do que "Estou surpreso!" E por que os subtítulos têm de ser expressos em afirmações? Determinados subtítulos não seriam mais cativantes se fossem expressos na forma de perguntas? Com oração e cuidado, todos nós podemos apresentar nossas divisões de maneira mais atraente.

3) A conclusão

Todas as coisas boas chegam ao fim. E isso acontece com sermões, quer bons, quer ruins. Mas, qual é a melhor maneira de encerrá-los? O que constitui uma conclusão proveitosa? Os interessados na estrutura do sermão nunca estão dispostos a evitar perguntas como essas.

Definição

A conclusão é formada por observações que encerram o sermão. O seu alvo é concluir a mensagem de um modo que seja digno das verdades que foram pregadas. Também procura assegurar que nada importante seja perdido e que o ensino seja enfatizado na mente e consciência das pessoas presentes.

Há alguns anos, minha esposa e eu ficamos surpresos ao encontrar uma pequena fábrica de chocolate escondida em uma vila ao norte do País de Gales. O proprietário era um chocolateiro suíço que fazia à mão cada chocolate. Evidentemente, isto significa que seu produto era extremamente caro. Porque ele fora tão amável conosco e porque havíamos encontrado aquela fábrica tão interessante em nossa viagem, decidimos comprar seis caixas de chocolate. Ele tratou cada chocolate com afeição paternal, enquanto os colocava em uma sacola de cores brilhantes, que, depois, fechou com uma fita e entregou ao nosso cuidado. Assim como nós, ele se mostrou ansioso de que nenhum dos chocolates se perdesse na viagem de volta. O cuidado dele e aquela sacola foram uma conclusão adequada de nossa visita.

Importância

A conclusão é capaz de aumentar a utilidade do sermão, assim como é capaz de arruiná-lo. Pode incutir a verdade no ouvinte, mas também pode fazê-lo rejeitar a verdade. A conclusão do sermão pode gravar a verdade no coração de cada ouvinte ou corrompê-la de modo que se torne irreconhecível. As últimas frases de um sermão têm uma importância que ninguém pode exagerar.

Que vantagem há em pregar um sermão estimulante, se os seus últimos minutos deixam as pessoas entediadas? Que proveito traz um sermão, se inicialmente desperta as pessoas, mas depois as faz dormir? Se o ensino é tão claro quanto pode ser, mas a conclusão é vaga e confusa, que benefício duradouro ele traz consigo?

Quando eu era criança, aprendi a fazer balas de açúcar. Grandes quantidades de açúcar eram derramadas na água fervente, que depois era deixada a esfriar. À medida que a água esfriava, o açúcar dissolvido começava a cristalizar ao redor dos barbantes que deixávamos oscilando na água. Essas deliciosas balas são semelhantes a boas conclusões: todas as partes do sermão cristalizam em uma forma que pode ser facilmente levada embora.

Contudo, sabemos que nem tudo em um sermão é agradável. Talvez seja melhor comparar a conclusão à ponta de uma flecha. Ela é atirada velozmente contra o ar pela corda do arco (a introdução), mantida no rumo por três ou quatro penas (as divisões), mas sua obra se realiza quando atinge o alvo. Nesse momento, toda a força se concentra em sua ponta, que penetra o alvo. Uma flecha embotada atinge o alvo e cai no chão. Não faz nada. Que desperdício! Tudo seria diferente, se a ponta da flecha tivesse sido afiada.

Sugestões

Afie a ponta da flecha! Prepare com cuidado a conclusão de seu sermão. Escreva *exatamente* o que você quer deixar retinindo nos ouvidos de seu povo, ou memorize-o, ou inclua-o (na íntegra) em suas notas.

Devemos preparar a conclusão antes de prepararmos a versão final de nossa mensagem. A conclusão deve estar em nossa mente a cada ponto da mensagem. Devemos tirar do arsenal a arma que sirva à conclusão. Nunca devemos perdê-la de vista. A cada ponto, devemos ter perfeitamente claro a respeito de onde desejamos que o sermão termine.

Sou uma pessoa que acredita que os templos das igrejas deveriam ser simples e sem ornamentação. Mas imaginemos por um momento que sou um arquiteto contratado para projetar um edifício magnífico com um pináculo. Este pináculo estaria em minha mente desde o começo. Seria algo que eu desejaria que todos vissem. Apareceria em todos os rascunhos e dominaria os meus planos. Mas em que ponto da construção o pináculo seria feito? De modo semelhante, a conclusão de um sermão é o primeiro na concepção, mas o último na execução.

A conclusão deve ser curta. O discurso acabou e não é correto iniciá-lo novamente. É hora de terminar! É verdade que a conclusão deve ser longa o suficiente para honrar o discurso que a precedeu. Mas temos de lembrar que seu propósito é concluir!

Nossas conclusões devem ser variadas. Se não forem, nossos ouvintes mais frequentes saberão o que virá no final, e não haverá qualquer elemento de surpresa. Começarão a se mexer e pegar seus hinários, antes que terminemos. Sinto-me feliz por haver passado meus anos de estudo sob a influência do poderoso ministério de Paul Tucker, no East London Tabernacle. Os sermões dele não eram muito extensos, mas era impossível imaginar quando ele terminaria. De repente, ele reunia tudo que havia dito e o incutia, com afeição e autoridade, em nosso coração e vida. Não o percebíamos. Ele nos mantinha fascinados até ao último momento. Mas nunca saíamos do templo sem ouvir palavras retinintes que encapsulavam a mensagem e nos diziam o que fazer com ela.

Hoje não existem muitos homens que pregam como o Sr. Tucker. Parece que inúmeros pregadores estudam perto de uma centrifugadora de roupas. A mensagem está indo a toda velocidade, mas, de um modo quase imperceptível, começa a perder velocidade. Depois, ao ficar cada vez mais lenta, chega a uma parada letal. A congregação olha com incerteza: é o fim da mensagem, ou ele começará novamente? Esse é o único momento de suspense que sinto em tais mensagens! Esses términos enfadonhos não sugerem respeito pela verdade que acabou de ser pregada.

Nossas conclusões devem ser diretas e pessoais. Todo o propósito da pregação da Palavra de Deus é que as pessoas sejam transformadas por ela. A conclusão tem de exigir um veredicto de *todos* os ouvintes. Cada pessoa precisa entender que está diante de uma escolha — tem de colocar em prática o que ouviu ou recusar-se a fazer isso. Não pode permanecer neutra. A verdade de Deus exige uma resposta pessoal. Os ouvintes têm de desfrutar as verdades, crer nas promessas, entrar no gozo dos privilégios, receber as consolações, cumprir os deveres, abandonar o pecado e aceitar com seriedade as advertências — ou desprezar tudo isso. Mas ninguém deve permanecer como está. Uma decisão tem de ser feita *agora mesmo*. A conclusão tem de insistir nisso. E parar.

* * *

A história de duas salas de estar

Já falamos sobre tudo que precisava ser dito a respeito de estrutura clara. Permita-me, agora, terminar com a história de duas salas de estar.

No domingo passado, a Sra. McGregor assistiu ao culto. O sermão foi exegeticamente correto e repleto de sã doutrina, mas não lhe trouxe nenhum benefício. Quando ela voltou para casa, também não conseguiu transmitir ao seu marido incrédulo grande parte do sermão; e seu marido parecia interessado em saber o que ela tinha ouvido. Qual era o problema? A fato é que o sermão foi um aglomerado de sentenças que tinham pouca ou quase nenhuma estrutura, pelo menos até onde ela recordava. Por isso, não pôde acompanhá-lo, nem retê-lo, nem compartilhá-lo. Como Deus foi glorificado nisso?

No domingo passado, John Jones esteve na igreja. O sermão foi exegeticamente correto e repleto de sã doutrina. Ele mal podia esperar para chegar em casa. Subiu apressadamente os degraus e contou o sermão à sua esposa deficiente. John podia lembrar o sermão com tanta facilidade, que o expôs à sua esposa em detalhes, um ponto após outro. De fato, John quase lhe pregou o sermão. Ela, por sua vez, ficou emocionada, sentiu-se comovida e fortalecida. Naquela sala de estar, dois corações buscaram novamente ao Senhor.

Por amor a Deus, tendo em vista o bem daqueles que nos ouvem, convertidos ou não, dediquemo-nos à tarefa de dominar a habilidade de pregar com estrutura clara!

Exercício

1. Você está almoçando com uma família cristã, no domingo. Enquanto almoçam, a família discute a falta de estrutura no sermão pregado naquela manhã. Descreva o que você pode ter ouvido.
2. Faça um esboço ampliado para um sermão baseado em Romanos 12.1-2. Justifique a sua estrutura.
3. Algumas pessoas argumentam que o Espírito Santo é o Ensinador Divino, e que somente Ele pode tornar evidente as coisas de Deus. Não há, portanto, necessidade alguma de ficarmos preocupados com a estrutura de um sermão. Escreva o que você pensa sobre esta opinião.

4
Ilustrações Vívidas

Agora, deve estar claro para nós que a boa pregação exige muito trabalho de preparação. Mas todo o nosso trabalho se perderá, se os ouvintes não puderem praticar e recordar o que foi pregado. Foi por essa razão que gastamos um capítulo considerando o assunto da estrutura clara. A mesma razão agora nos leva ao assunto de *ilustrações vívidas*.

1) O valor das ilustrações

Uma ilustração é uma linguagem figurada que traz clareza ou discernimento a um assunto. É uma janela que permite a luz entrar em uma sala escura. Muitas pessoas não têm muita facilidade no manuseio das palavras. Acham difícil lidar com a lógica abstrata e a argumentação teórica. Argumentos profundos e consistentes deixam-nas confusas. Quando as palavras são usadas desta maneira, tais pessoas se sentem perdidas na escuridão. Alguém quer ajudá-las a ver? Será que alguém pode lhes dar um par de óculos infravermelhos? Ou melhor, uma tocha?

Muitas pessoas não podem entender muito bem alguma coisa, se não puderem vê-la em sua mente. Elas reagem positivamente a palavras que projetam imagens, mas consideram as palavras em si mesmas como algo monótono, obscuro e desinteressante. *Os Arqueiros* é um programa de rádio inglês que tem sido transmitido quase todos os dias por mais de cinquenta anos. Milhões de pessoas ainda o sintonizam. Elas ouvem as palavras dos atores, mas não vêem nada. Então, o que é tão atraente nesse programa? Divulga-se a si mesmo como "uma história diária do povo inglês". Os seus fãs não estão sintonizados em um dilúvio de proposições abstratas, e sim em uma história que podem ver descortinada em sua mente.

Muitos pregadores são bastante críticos da cultura moderna, especialmente de sua dependência de linguagem figurada. Peço-lhes que enfrentem a realidade. Talvez não gostem da maneira como as coisas são. Mas precisam lembrar que esta é uma geração que precisa de linguagem figurada. E, o que há de errado nisso? As escrituras contêm ilustrações em cada uma de suas páginas, e nosso Senhor as usou em todo o tempo.

O assunto de ilustrações exige nossa atenção urgente. Não precisamos ser semelhantes a radialistas que tentam comentar uma partida de futebol, quando os holofotes já apagaram. Acenda as luzes! Mostre a Palavra de Deus em todas as suas cores e movimentos. Prepare suas ilustrações e, para comprovar seu valor, considere estes três pontos:

As ilustrações explicam a verdade

Esta é a razão porque o Senhor dizia frequentemente: "O reino dos céus é semelhante a... (Mt 13.24, 31, 33, 44-45, 47). Uma vez que uma ilustração se abrigue na mente de uma pessoa, tudo se torna claro.

Em Romanos 6 e 7, o apóstolo Paulo explica por que continuar no pecado é um absurdo para uma pessoa justificada pela fé. Eu mesmo, por exemplo, acharia difícil entender aqueles capítulos, se estivessem cheios de argumentos complexos e racionalizados. Mas não estão. Paulo fala sobre um escravo que morre para um senhor, mas é ressuscitado para servir a outro. Ele se refere a um mercado de escravos no qual você pode dizer quem é o senhor de cada servo. Fala a respeito de um casamento em que um cônjuge morre e deixa o outro livre para casar com outra pessoa. O apóstolo não usa nada mais do que palavras, mas nos fala por meio de figuras. E estas não somente nos ajudam a entender, mas também nos convencem do que ele está dizendo. Não devemos copiar o exemplo do apóstolo? Alguém conhece uma maneira melhor de explicar a verdade?

As ilustrações tornam a verdade atraente

Você já viu um pregador perdendo a atenção de seus ouvintes? As pessoas estão no templo, mas seus pensamentos estão em outro lugar. Repentinamente, elas se concentram, olham para o pregador e lhe dão toda a sua atenção. O que aconteceu? O que causou a mudança de atitude? Ele está usando uma ilustração!

Os pregadores nem sempre podem tornar tudo fácil. Algumas coisas na Bíblia são difíceis de entender. Mas as pessoas só podem ouvir coisas difíceis por um período limitado de tempo. Dê-lhes um descanso, um refrigério e, logo, estarão prontas para ouvi-lo novamente.

A maioria das pessoas da Suíça não vive em chalés, e sim em blocos de apartamentos. Quase todos os blocos de apartamentos têm um elevador — maravilha das maravilhas! — que quase nunca quebra. Mas, se quebrar, pode-se usar as escadas. Há dois lances de escadas para cada andar, e, onde os lances se encontram, há sempre uma cadeira! É difícil subir escadas, mas, se você parar e sentar na cadeira para descansar, descobrirá que, afinal de contas, subir escadas não é tão difícil. As ilustrações de um sermão são como essas cadeiras.

Se tivéssemos de fazer uma longa viagem em um breve período de tempo, acharíamos melhor ir por uma auto-estrada. Isso não é tão interessante como dirigir pelas estradas do interior. Na auto-estrada, cada quilômetro parece exatamente igual ao anterior. Depois de um tempo, cansamos da auto-estrada e paramos nos seus restaurantes e lojas de conveniência. Vamos ao banheiro, tomamos um cafezinho e passamos alguns minutos nas lojas. Assim, achamos que estamos prontos para continuar a viagem e desejamos continuá-la. O que aconteceu conosco? Descansamos e fomos revigorados. As ilustrações dos sermões são como essas paradas na auto-estrada.

Você já leu uma história para uma criança que assentou ao seu lado? A princípio, ela está interessada e se deleita com a história. Mas, depois de alguns minutos, começa a inquietar-se. Então, tudo muda: ela insiste que você prossiga. Você virou a página e a criança viu uma figura!

Visto que as ilustrações tornam a verdade atraente, elas também a tornam impressionante. Nosso Senhor poderia ter dito algo assim: "Não importa como você vive, nem onde, nem durante, ou por quanto tempo tem vivido assim, se você se voltar para Deus, Ele o receberá". Mas estas não foram as suas palavras. Pelo contrário, Ele disse: "Certo homem tinha dois filhos..." (Lc 15.11). A parábola do Filho Pródigo imprime em nós a recepção do Pai de um modo que nenhuma outra afirmação poderia fazê-lo. Vemos a verdade, vemos com clareza e choramos de alegria.

Quando Davi pecou tão descaradamente contra o Senhor, com adultério e crime de assassinato, e meses se passaram sem que ele se voltasse para Deus em oração, Deus lhe enviou o profeta Natã. Este invadiu a presença do rei, apontou-lhe o dedo, com ira, e o denunciou? Não. Natã foi muito sábio ao fazer isso. Seu alvo era restaurar o pecador caído, e não levá-lo a apostatar. Ele entrou com gentileza e contou uma história a Davi. Pouco depois, era o rei, e não o profeta, quem estava furioso. Contudo, milhares de anos mais tarde, ainda ficamos chocados com a autoridade de Natã, ao dizer: "Tu és o homem" (2 Sm 12.7).

As ilustrações fazem com que a verdade fique gravada em nossa mente

O que você recorda do último sermão que ouviu? Algumas frases lhe causaram impacto? A linguagem o comoveu? Houve alguns exemplos brilhantes de argumentos persuasivos? São estas as coisas que você recorda? Talvez não. Mas estou certo de que você, assim como eu, pode lembrar as ilustrações!

Muitos anos atrás, no início de meu ministério, recebi um convite especial para assistir o exame cadavérico de um fumante. O propósito era que eu ficasse tão chocado ao ver o que o tabaco faz aos pulmões das pessoas, que usaria minha influência ministerial para desestimular a prática de fumar em todos os lugares. Sou um homem frágil e provavelmente teria desmaiado, se tivesse assistido ao exame. Por isso, recusei o convite. Mas de uma coisa estou certo: se aceitasse o convite, teria ficado infinitamente mais impressionado pelo que teria visto do que por todas as estatísticas que já li a respeito de fumar. Recordamos aquilo que vemos. Esquecemos muito do que lemos e ouvimos.

Como pregadores, não usamos recursos visuais. Nosso Senhor nos chamou a trabalhar com palavras. Mas devemos usá-las para estimular o poder de imaginação que Deus outorgou às pessoas. Temos de colocar olhos nos ouvidos das pessoas. Não há maneira melhor de atingirmos a sua mente.

Quando nos levantamos para pregar, temos diante de nós todos os tipos de pessoas. Elas são diferentes em raça, idade, cultura, educação, habilidades, conhecimento, caráter, temperamento e outras coisas mais. Todavia, podemos atraí-las com ilustrações bem ponderadas. Foi isso que nosso Senhor fez durante os dias que o levaram à crucificação. Um exemplo é a parábola dos lavradores maus que encontramos em Marcos 12.1-12, bem como as três parábolas em Mateus 25. Durante esse período, nosso Senhor falou a uma variedade de pessoas excessivamente ampla. Sua audiência incluía inimigos eruditos que não estavam presentes em seu ministério fora de Jerusalém. Ele lhes ensinou verdades desagradáveis que nunca esqueceriam!

Uma verdade *lembrada* pode cumprir seu objetivo muito, muito tempo depois de o sermão haver sido pregado. Quando eu tinha os meus vinte anos, li vários sermões de F. B. Meyer. Os sermões continham ilustrações que têm ajudado minha vida cristã até aos dias de hoje. De modo semelhante, minha alma continua a se alimentar dos sermões de Hywel Griffiths, de Bridgend, que foi indubitavelmente o maior pregador que já ouvi. Eu tinha vinte anos de idade quando o ouvi pela primeira vez, em uma de suas visitas anuais à nossa pequena vila no Sul do condado de Pembroke. E suas pregações, proferidas naquela época, ainda me fazem bem, quase todos os dias. Isso ocorre não porque as gravei em cassetes, e sim porque eu as *recordo*. Tenho escutado milhares de sermões através dos anos, e quase todos eles não se abrigaram em minha memória. Mas a pregação de Hywel Griffiths continua viva, primeiramente por causa de seu poder celestial (um assunto que abordaremos em outro capítulo) e, em segundo lugar, porque a pregação dele era ilustrativa do começo ao fim.

O que as pessoas vêem, elas o recordam. O que as pessoas vêem em sua *mente*, elas também recordam. Esta é a maneira como somos constituídos. Pessoas que têm se ausentado da igreja por muitos anos, mas que frequentaram a escola dominical quando crianças, ainda podem lembrar muitas histórias bíblicas. Portanto, podemos utilizar ilustrações em nossa pregação e ajudar os ouvintes a lembrar o *evangelho*.

Um dos livros que têm moldado meus pontos de vista sobre a pregação é *Some Great Preachers of Wales* (Grandes Pregadores do País de Gales), escrito por Owen Jones.[1] Esse livro considera em detalhes vários homens cuja pregação poderosa resultou na conversão de milhares de pessoas e, consequentemente, transformou a nação. A parte mais proveitosa desse livro é sua introdução, na qual Owen Jones identifica cinco características que esses homens tinham em comum. É interessante observar que uma dessas características era a *imaginação*. Esses homens, em medidas diferentes, levavam os seus ouvintes a ver algo. Não podemos fazer o mesmo?

2) Fontes de ilustrações

Todo pregador que conheço me diz que é fraco no uso de ilustrações e que gostaria de melhorar. Também me diz que apreciaria ajuda no que concerne às fontes de ilustrações.

As Escrituras

Pode obtê-las nas Escrituras. Quando tratamos do assunto de exatidão exegética, vimos que a Bíblia é auto-interpretativa. Ela também é auto-ilustrativa. Ela é rica em histórias, biografias, poesias e provérbios; e tudo isso pode ser usado para ilustrar quase todas as doutrinas ou lições que ensinamos com base nas Escrituras. Reconhecendo que os próprios crentes conhecem tão mal a sua Bíblia, por que não usar sempre as Escrituras como sua primeira fonte, quando está à procura de ilustrações?

Mas precisamos ser cuidadosos. Quando lemos sermões dos puritanos do século XVII ou de Charles H. Spurgeon, do século XIX, observamos que eles usaram cada livro da Bíblia para ilustrar o que tinham a dizer. Não podemos fazer exatamente como eles o fizeram. Pregaram a congregações que conheciam muito bem as Escrituras. Às vezes, as referências deles aos acontecimentos bíblicos eram meras alusões. Falaram sobre "sibolete", barba rapada pela metade, o Vale de Bacaa, a casa do oleiro, a orla da sobrepeliz e a enfermidade de Público — e todos sabiam a respeito do que eles falavam! Não podemos fazer isso hoje. A fim de usarmos essas alusões como ilustrações, teríamos de apresentar uma explicação mais ampla ou contar a história. No entanto, ao fazer isso, poderíamos matar dois coelhos com uma só cajadada: ilustraríamos o que temos a dizer e daríamos aos ouvintes um melhor conhecimento de todo o conselho de Deus.

Há outra coisa a respeito da qual precisamos ser cuidadosos. Falamos sobre isso no capítulo anterior, mas precisamos mencioná-lo de novo. Sempre precisamos distinguir entre o significado *intencional* das Escrituras e o seu uso *como ilustração*. Essa distinção tem de ficar clara para os ouvintes. Use Naamã como uma ilustração da fé relutante e infantil, mas nunca dê a impressão de que este é o único propósito de 2 Reis 5.1-19. Use a chamada de Samuel para ilustrar a proximidade de Deus, porém não deixe as pessoas imaginarem que o propósito de 1 Samuel 3 é transmitir essa verdade. Com certeza, devemos usar porções das Escrituras para esclarecer a passagem sobre a qual estamos pregando. Todavia, ao fazer isso, não queremos obscurecer o entendimento que as pessoas têm a respeito da passagem que usamos como ilustração!

Observação

Deus tem dado a cada pregador uma conta bancária cheia, não de dinheiro, mas de ilustrações para os sermões. Se tirássemos dessa conta mil ilustrações por dia, nunca ficaríamos falidos. Como temos acesso a esta conta? Não com um talão de cheques ou com um cartão de crédito, e sim com os olhos e os ouvidos. Devemos apenas mantê-los abertos, anotar em nossos pensamentos o que vemos e ouvimos e acrescentar um pouco de raciocínio.

As coisas que vemos, as que ouvimos e as experiências do viver diário são uma fonte inesgotável de ilustrações. Retire dessa estante tudo que você puder e perceberá que seu estoque se renova imediatamente. Encha o seu sermão com a água desse poço, porque ele nunca tem o aviso "fora de uso". Até uma bateria de longa durabilidade se acaba, mas esta bateria nunca o deixa na mão. Este é um sol que sempre resplandece, um vento que sempre sopra, um manancial que nunca seca, uma esperança que não desaponta — um suprimento de ilustrações que nunca se acaba!

Foi o Senhor mesmo que nos ensinou a encontrar ilustrações à nossa volta. Ele falou sobre semear trigo, edificar casas, conservação de vinho, levedar a massa, assar pães, emprestar do vizinho, acender lâmpadas, varrer a casa e achar tesouros. Jesus falou sobre os deveres dos servos, cães embaixo da mesa, ladrões assaltando, traças destruindo roupas, devedores na prisão, crianças brincando, festas, casamentos, julgamentos e eventos cotidianos. Ele veio do céu, mas viveu na terra. Conversou com homens e mulheres da terra usando figuras que eles podiam entender. Seus mais fiéis seguidores fazem o mesmo.

C. H. Spurgeon queria que todos os seus alunos fossem pregadores que usassem ilustrações. Ele os exortava frequentemente a manter os olhos abertos e meditar no que viam. Em uma ocasião, Spurgeon lhes disse que, se tudo que tivessem diante de si fosse uma vela, essa vela lhes daria ilustrações suficientes para muitos sermões! Eles riram. Spurgeon provou sua afirmação pregando-lhes dois sermões constituídos totalmente de lições obtidas de velas. Seu livro *Sermons on Candles* (Sermões sobre Velas) é uma versão impressa desses sermões.

As ilustrações obtidas de velas não teriam muito efeito sobre as pessoas de nossos dias. Vivemos em um mundo de energia elétrica, televisão, computadores, carros, celulares, supermercados, música comercializada, esportes profissionais, viagens mundiais e esperanças de exploração do espaço. Nosso Senhor retirou suas ilustrações da Palestina do século I; Calvino, da Genebra do século XVI, enquanto as palavras de Spurgeon refletiam a Londres do século XIX. E nós? Os nossos ouvintes do século XXI ouvem ilustrações de nossa época? Se não ouvem, falhamos para com eles.

A criatividade total

O conhecimento da Bíblia, dois olhos, dois ouvidos e uma mente ponderadora são tudo que um bom ilustrador precisa. Mas ele pode fazer ainda melhor, se estiver disposto a entrar no mundo da criatividade total. Parábolas e alegorias criadas pela própria pessoa são especialmente eficazes. É claro que as alegorias de *O Peregrino* e *Guerra Santa*, escritos por John Bunyan, não podem nem mesmo começar a rivalizar com as parábolas de nosso Senhor, mas esses livros não têm sido uma bênção para milhões?

Durante quase trinta anos, tenho ilustrado o ensino de Paulo em Romanos 7 usando uma história simples. Fala de um homem que está caminhando para casa em uma noite escura. Ele cai em uma poça de lama, mas não percebe o quanto está sujo até que se aproxima de uma luz. Ele faz o melhor para ficar limpo. Mas o problema é este: quanto mais ele se aproxima da luz, tanto mais percebe a sujeira e mais dificuldade encontra para ficar limpo. Finalmente, ele se coloca bem debaixo da luz e clama em desespero ao ver toda a sujeira que ainda está grudada nele: "Desventurado homem que sou!" (Romanos 7.24.) Esse clamor pode ser proferido tão-somente por aqueles que estão próximos do Senhor.

Por que menciono isso? Bem, alguns meses atrás, depois de um intervalo de quarenta anos, decidi reler um livro que li quando era estudante. Queria observar o que penso sobre o livro hoje. Ele se chama *A Vida Cristã Normal*, escrito por Watchman Nee. Fiquei admirado em encontrar nele a parábola da poça de lama que eu pensava sinceramente haver inventado! O fato é este: a parábola do Sr. Nee se mostrara tão eficaz, pelo menos em mim, porque, embora não a estivesse usando como ele fizera, a parábola entrara tão profundamente em meu coração, que eu pensava havê-la inventado.

Em minha pregação, tenho usado, centenas de vezes, histórias, parábolas e alegorias criadas por mim mesmo. Em todas as ocasiões, o efeito tem sido o mesmo: as pessoas ficam sentadas, mudam-se para assentos mais à frente, dão-me toda a sua atenção e me agradecem depois. Por que não pensar no que acontece aos seus ouvintes em um dia normal e contar-lhes uma história interessante a respeito desses acontecimentos? Em vez de falar abstratamente a respeito da tentação, da dúvida, da ousadia em testemunhar, por que não inventar cenários que todos entenderão? A criatividade pessoal não é enganosa. As pessoas sabem o que você está fazendo. Também sabem que o Senhor fez esse tipo de coisa há dois mil anos.

Onde mais

Além da Bíblia e do que obtemos por meio dos sentidos e da imaginação, há inúmeras fontes de ilustração. Como pregadores, cremos que toda verdade vem de Deus. Cremos que o mundo Lhe pertence. Cremos que devemos conhecer tanto menos quanto possível o pecado e conhecer tanto mais quanto possível todas as outras coisas. Assim, no melhor que pudermos, fazemos esforço para aumentar nosso conhecimento em todas as áreas que se abrem diante de nós — história, geografia, matemática, ciências, línguas, medicina, artes, literatura, poesia, música, ciências sociais, tecnologia, acontecimentos atuais, política, direito, negócios, esportes, habilidade de comunicação ou qualquer outra coisa. Cremos que é correto ter fome em nossa mente. Lemos livros, assistimos a televisão, vídeos e filmes, ouvimos palestras, vamos ao teatro e a concertos, tomamos parte em discussões — e fazemos perguntas aonde quer que vamos!

Quanta coisa há para conhecermos! Conhecemos apenas a menor parte de tudo! Mas, nessa menor parte, encontramos abundância que podemos usar para ilustrar nossa pregação. Desejamos conhecimento por amor ao próprio conhecimento, porém, à medida que o obtemos, também aumentamos nossa habilidade de proclamar de um modo mais interessante a verdade de Deus.

No entanto, precisamos ter cuidado. As ilustrações são ferramentas que ajudam as pessoas a saírem do conhecido para o desconhecido. Se a ilustração é retirada de uma área sobre a qual elas não sabem nada, a ilustração não as ajudará. Além disso, nosso próprio coração é enganoso. É fácil usar o púlpito como plataforma sobre a qual demonstramos o quanto sabemos. Temos de resistir a essa tentação, com a força que o Senhor nos dá. Se o fizermos, ela fugirá de nós (Tg 4.7), pelo menos por algum tempo.

Entretanto, gostaria de apelar que você obtenha mais ilustrações da história da igreja, a despeito da quase completa ignorância dos ouvintes quanto a este assunto. À medida que *contamos* a história e não apenas a mencionamos, podemos matar dois coelhos com uma só cajadada: podemos usar ilustrações para estimular a alma e, ao mesmo tempo, cumprir nosso dever bíblico de relembrar às pessoas os grandes atos de Deus. Nossos ouvintes devem ser informados a respeito dos grandes heróis da fé e do que lhes devemos. Devem ser informados sobre as aflições que a igreja de Cristo tem passado e como as tem enfrentado. Nossos ouvintes devem ser comovidos por histórias de coragem, discernimento e esforços missionários. Devem ser capazes de perceber que a nossa escolha das ilustrações está lhes fazendo conhecer sua história e herança.

Tenho outro apelo, que se refere à *internet*. A providência de Deus nos dá recursos fantásticos, e devemos agradecer-Lhe por esses recursos. Sim, à semelhança de todas as coisas inventadas e administradas pelo homem, a *internet* é horrivelmente corrompida pelo pecado. Sim, a *internet* é uma poderosa fonte de tentação e perigo sério para aqueles que a usam sem ter em vista a glória de Deus. Mas que grande benefício é a *internet* para o pregador! Pode oferecer-lhe bastante ajuda em todas as áreas abordadas neste livro. Há até *sites* que oferecem milhares de ilustrações para sermões! Meu apelo é que você use a *internet* não de maneira pecaminosa, nem como um meio de evitar o trabalho árduo, e sim com oração e sensibilidade — especialmente para obter ajuda nesta área de ilustrações de sermão, onde todos admitimos que precisamos fazer melhor.

3) A escolha das ilustrações

Se fizermos tudo que sugeri na seção anterior, logo teremos mais ilustrações do que necessitamos! Jogaremos fora algumas delas e manteremos conosco somente as melhores. Portanto, quais são as características de uma boa ilustração?

Subordinação

A coisa mais importante em uma ilustração é que esteja em subordinação à mensagem. Em outras palavras, tem de ser bem-sucedida em atrair a atenção à verdade que está ilustrando. Algumas ilustrações atraem a atenção para si mesmas. Outras, se mostram tão estimulantes que deixam a mente dos ouvintes pensando em alguma outra coisa. E outras, subjugam a verdade por ocuparem maior lugar do que a própria verdade. Esses tipos de ilustração devem ser rejeitados. Não cumprem a sua tarefa.

Certa vez, levei um grupo de estudantes infantis ao Louvre, em Paris, para que vissem a Monalisa. Não a apreciaram de maneira alguma! Ao retornarem, não falaram sobre o quadro famoso, e sim a respeito de todo o equipamento de segurança que o cercava. Falaram sobre as luzes, os sensores, as portas de segurança, mas não mencionaram o sorriso legendário. Era como se as crianças nunca tivessem visto aquele quadro. Aquele sistema eletrônico me recorda muitas das ilustrações de meus sermões!

As ilustrações não têm qualquer outro propósito além de jogar luz sobre a verdade exposta. Pregadores que não usam nenhuma ilustração nos deixam tateando na escuridão. E aqueles que usam ilustrações demais nos expõem ao desconforto de viver em uma estufa. Tudo que precisamos é bastante luz, para que vejamos a verdade com clareza; e nada mais do que isso.

E, se a verdade que estamos pregando é incapaz de ser ilustrada? Este é o caso, por exemplo, da doutrina da Trindade. A triunidade de Deus não *é semelhante* a nada! Se tentarmos ilustrar a Trindade, certamente cairemos em heresia. E isto já aconteceu realmente! Algumas pessoas tem assemelhado a Trindade a H_2O, que se encontra no gelo, na água e no vapor. O gelo não é água; a água não é vapor; e o vapor não é gelo — mas os três são H_2O: três em um! Isso não ajuda as pessoas a entender?

Não, não ajuda. Essa ilustração serve apenas para ensinar modalismo, também conhecido como sabelianismo, que é uma heresia. O modalismo ensina que existe um só Deus, que se revela em três formas diferentes: o Pai, o Filho e o Espírito Santo. H_2O também se revela em três formas diferentes. O problema é que cada molécula de H_2O não aparece no gelo, na água e no vapor, ao mesmo tempo. Isto é exatamente o que o modalismo crê a respeito de Deus: o único Deus, quando se manifesta como o Pai, não é também, naquele momento, o Filho e o Espírito Santo. A verdade bíblica é bem diferente: o Pai é completamente Deus, assim como o Filho e o Espírito Santo. Mas o Pai não é o Filho, e o Filho não é o Espírito Santo, e o Espírito Santo não é o Pai! Podemos afirmar isso em palavras simples, mas não podemos entender como isso é assim! Tampouco podemos ilustrá-lo. Se não o *podemos,* não devemos nem tentar.

A doutrina da Trindade é o maior de todos os mistérios. E ao seu lado está a doutrina das duas naturezas distintas na pessoa de nosso Senhor Jesus Cristo. Para ensinar essas doutrinas em nossa pregação, devemos nos restringir a afirmações simples. Se usarmos ilustrações, deveremos fazê-lo para ressaltar os erros cometidos em relação a elas. Podemos corrigi-los com afirmações mais simples e, assim, obter sucesso em fazer as pessoas entenderem a verdade.

As ilustrações têm de estar subordinadas à verdade. Se, em qualquer aspecto, falham nesse teste, devemos abandoná-las. Deus nos chamou a proclamar a sua verdade, não a pervertê-la ou a silenciá-la.

Clareza

As ilustrações não têm qualquer valor se não são claras. Algumas são tão complicadas que só conseguem trazer confusão à mente dos ouvintes. Há pregadores que gastam tempo explicando suas ilustrações e, até, ilustrando-as! Mas por que apagar as luzes, quando nossa tarefa é acendê-las?

Tenho um amigo que hoje é um ministro fiel. Antes, porém, ele era um estudante de teologia inexperiente; e, certa vez, me convidou para ouvi-lo pregar. O conteúdo de sua mensagem era excelente. Mas o seu começo foi um desastre. Ele começou falando à congregação sobre a Grande Pirâmide, e logo ficou claro que os ouvintes não sabiam nada a respeito da pirâmide. Portanto, ele gastou vários minutos explicando onde ela estava, quando e por que a construíram. Depois, ele tentou introduzir seu sermão com uma lição extraída da construção da pirâmide — um assunto sobre o qual os ouvintes também não sabiam nada. Portanto, a lição de história continuou, misturada com muitas informações sobre engenharia civil. Todo o sermão durou cerca de trinta e cinco minutos, dez dos quais foram gastos na Grande Pirâmide! Pregadores, tenham cuidado! As ilustrações têm de ser claras; de fato, tão claras que seja impossível não compreender o que elas transmitem.

Brevidade

As ilustrações têm de ser breves. Se uma ilustração está repleta de inúmeros detalhes insignificantes e irrelevantes, levará os seus ouvintes à distração. Esqueça todos os atalhos curtos, tome a auto-estrada e leve os seus ouvintes do ponto A ao B tão diretamente quanto possível! No que diz respeito à ilustração, o que vale é o destino, e não a jornada.

Contudo, se você começa a usar uma ilustração extensa, por favor, tenha a gentileza de terminá-la. Uma vez comecei a ler um artigo fascinante em uma revista semanal. Falava sobre o estilo de vida e as opiniões do príncipe Charles e me dizia coisas a respeito das quais eu nada sabia. Cheguei ao final da página e virei-a. Mas o artigo não continuava. E não havia qualquer indicação disso em toda a revista. Fiquei frustrado e senti-me enganado.

Há pregadores que agem assim. Começam uma ilustração e logo percebem que é irrelevante ou demasiadamente grande. Por isso, deixam-na de lado e dão continuidade ao sermão. É verdade que as congregações não gostam de ilustrações extensas, a menos que sejam histórias, parábolas ou alegorias. No entanto, os ouvintes também não gostam de ser deixados a imaginar o que aconteceu depois. E você gostaria que eles ficassem pensando a respeito de qualquer outra coisa? Você não gostaria que eles dessem toda a sua mente ao resto do sermão?

Dignidade

Quer sejam curtas, quer sejam extensas, todas as ilustrações precisam ser dignas. Não é a verdade *divina* que estamos pregando? Podemos trazer luz às coisas santas por usarmos figuras daquilo que é impuro, indelicado e frívolo? Não há lugar para mau gosto na vida cristã. Com certeza, também não há lugar para impurezas no púlpito cristão.

Um amigo íntimo levou-me, em certa ocasião, para ver a catedral de Le Puy. Ela está na parte mais alta de uma cidade pitoresca e parece mais impressionante a cada degrau que você sobe em direção a ela. Um de seus tesouros é um quadro medieval pendurado acima do altar principal. Retrata um homem idoso, de feição gentil, com barba branca, assentado em algumas nuvens. Supõe-se que ele seja *Deus!*

Os peregrinos e turistas são atraídos a esse quadro e encorajam outros a vir e a contemplá-lo. Rezam diante do quadro e depois compram cartões postais que o retratam. Mas esse quadro realmente degrada a Deus. É uma blasfêmia. A sua própria existência é uma violação da lei de Deus. Rouba-O de sua majestade, não fazendo nada além de estimular a idolatria no coração das pessoas. Sim, o fato de que um quadro é popular não implica que é legítimo. Isso também se aplica a ilustrações. Elas precisam ter dignidade. Têm de reverenciar a verdade que procuram ilustrar.

Isto significa que nunca devemos usar humor no púlpito? Meu ponto de vista é que, em geral, não planejemos ser engraçados no púlpito, mas, se o humor surge naturalmente, pode ser uma coisa boa, contanto que seja puro. Embora, haja vários traços de humor na Bíblia, ele não é usado habitualmente para ensinar doutrina, mesmo havendo alguma exceção. Seu uso normal é, com frequência, para incutir a verdade e, em particular, para revelar a hipocrisia e a falta de sinceridade. Se guardarmos em mente o princípio da *subordinação*, não cometeremos muitos erros nesta área.

Variedade

Em adição a tudo que já dissemos, as ilustrações precisam ser variadas. Apesar de C. H. Spurgeon ter uma habilidade extraordinária para extrair das velas inúmeras lições, alegro-me em observar que ele nunca pregou um sermão em que todas as ilustrações se referiam a velas. Se tivesse feito isso, os analistas modernos o diagnosticariam como alguém que sofria de uma obsessiva desordem compulsiva!

O que seria o interior de um país, se houvesse apenas um tom de verde? E o que é um sermão em que todas as ilustrações são tiradas da vida da família do pregador, ou de sua diversão favorita, ou do futebol? Todos sabemos o que significa a "mesmice" e nos cansamos dela. Pessoas que trabalham em fábricas de doce podem comer tanto doce quanto desejam durante as suas horas de trabalho, mas em pouco tempo elas não comem doce nenhum. A variedade é, de fato, um tempero da vida.

Somos embaixadores do Deus que criou as estações e pintou todas as cores do arco-íris. Encheu este mundo com uma multiplicidade de espécies e deu a cada rosto um formato diferente. Mesmo em seu Ser indivisível há diversidade. Se mantivermos variedade por obtermos ilustrações de todas as fontes já mencionadas, nós O honraremos.

Exatidão

A última coisa que precisa ser dito é que nossas ilustrações devem ser exatas. Não podemos ilustrar uma verdade sendo *mentirosos*. Não podemos dizer que coisas nos aconteceram, quando elas não nos aconteceram. Se nos referimos à história, biografia ou qualquer outra área de conhecimento, temos de estar certos dos fatos. Se as pessoas percebem que somos uma fonte desconfiável de informação a respeito das coisas comuns, o que pensarão quando lhes falarmos sobre as coisas de Deus?

Certa vez, usei uma ilustração baseada na estrutura do sistema solar. As pessoas ficaram interessadas, mas várias delas mostravam uma feição de estranheza. Logo que o culto acabou, um fila se formou rapidamente à porta. Cada pessoa queria me dizer a mesma coisa: os planetas não estavam na ordem que eu havia mencionado! Fiquei embaraçado e envergonhado. Eu havia pregado um erro como se fosse uma realidade e, portanto, sufocara a minha própria credibilidade. Um deslize no falar é uma coisa; um erro evitável é outra bem diferente.

Nossas ilustrações têm de ser constituídas de fatos exatos, bem como de teologia exata. Precisamos dizer algo mais a respeito da ilustração com a molécula H_2O? Essa é uma perversão óbvia da verdade. Mas usar uma ilustração exata em assuntos doutrinários pode ser uma ferramenta poderosa. Por exemplo, algumas pessoas têm obtido melhor entendimento do que acontece na conversão apenas por serem informadas a respeito do nascimento de um bebê. O bebê chora para nascer ou porque *já nasceu*? De modo semelhante, o nosso clamor a Deus para que nos salve é a prova de nosso novo nascimento, e não a sua causa.

Novamente, o princípio da *subordinação* nos guiará através de todos os perigos que enfrentaremos aqui. Uma ilustração teologicamente inexata não pode servir à verdade. Ao contrário, porém, uma ilustração teologicamente exata pode gravar a verdade na memória para sempre.

✳ ✳ ✳

Encerramos agora este capítulo. Suplico que todos nos asseguremos de que seja bem ilustrada cada mensagem que pregamos. Nosso povo não é capaz de ver sempre a forma do que estamos tentando descrever-lhes. Acendamos as luzes! Não devemos possuir tanta luz que os deixemos fascinados e, ainda, incapazes de ver. Não devemos ter candelabros que os deixam ofegando em admiração. As luzes comuns serão suficientes. Saberemos que nosso sermão causou algum bem, quando ouvirmos nosso povo dizer: "Agora, sei o que ele quer dizer".

Exercício

1. Você tem um amigo que ilustra com facilidade e profusão, mas pessoas que o ouvem dizem que ele é apenas um contador de histórias? O que você pode dizer-lhe?
2. Ilustre três doutrinas do que pode ver na sala em que está assentado.
3. Que ilustrações você usaria para ajudá-lo em um sermão sobre Efésios 2.8-9?

Notas:

1 Reimpresso e comercializado por Tentmaker Publications, 121 Hartshill Road, Stoke-on-Trent ST4 7LU.

5
Aplicação Penetrante

Nunca fui a um alfaiate, visto que sempre compro meus ternos em uma loja. Mas ouço que ainda existem muitas pessoas que fazem suas roupas sob medida. É com este pensamento que desejo começar este capítulo.

Imagine um alfaiate que tece suas próprias roupas. Não há falhas na textura (exatidão exegética). O material (conteúdo doutrinário) é de alta qualidade. O tecido tem um padrão atraente (estrutura clara). Até uma pessoa simples pode sentir e ver quão bom é o tecido (ilustração vívida). Portanto, não há nada a reclamar, há? Contudo, todos sabemos que o alfaiate ainda não terminou o seu trabalho.

O trabalho de um alfaiate consiste em fazer roupas para as pessoas. Seus clientes o procuram com todos os moldes, tamanhos e necessidades diferentes. O alfaiate tem de fazer mais do que escolher o tecido; ele precisa cortá-lo de modo a se adequar aos clientes, para que estes o usem todos os dias. Um alfaiate que não pode fazer isto não deve estar nesta profissão.

Tudo o que fazemos como pregadores é desperdiçado, se nossos ouvintes não vestirem nosso material todos os dias da semana. Eles têm de ser praticantes da Palavra, e não somente ouvintes (Tg 1.22). É um erro pregar sermões de "molde padrão". As pessoas que nos ouvem têm de usar o mesmo material, mas temos de cortá-lo de modo que seja adequado a cada um, individualmente, e assim eles possam usá-lo com facilidade em suas circunstâncias pessoais. Um ministério de "molde padrão" não conseguirá isso. Se a verdade de Deus tem de ser vestida com honra neste mundo, os sermões têm de ser *feitos sob medida*.

1) O que é uma aplicação penetrante

Definição

John A. Broadus pregou com poder nos Estados do Sul dos Estados Unidos, no século XIX. Seu livro *The Preparation and Delivery of Sermons* (A Preparação e Apresentação de Sermões) é um clássico. Embora não seja um livro de leitura fácil, cada página está cheia de ensino claro e conselhos sábios. Por que não tomarmos alguns minutos para refletir sobre cada palavra que ele usou para definir a aplicação. Eis a definição:

> *A aplicação é, no sentido restrito, aquela parte, ou aquelas partes, do discurso nas quais mostramos como o assunto se aplica aos ouvintes; mostramos que instruções práticas o sermão lhes oferece e que exigências práticas o sermão lhes faz.*[1]

Daniel Webster, o grande educador e filósofo americano, também viveu e escreveu no século XIX. Em uma ocasião, ele disse: "Quando um homem prega para mim, quero que torne a pregação um assunto pessoal, um assunto pessoal, um assunto pessoal".[2]

Como os raios do sol focalizados sobre a pele por uma lente ampliadora, a aplicação reflete na consciência do ouvinte as sérias reivindicações da verdade. A aplicação prega *às* pessoas, e não apenas *diante das* pessoas. Isola cada indivíduo e o faz entender que a mensagem é para ele pessoalmente. A aplicação confronta o ouvinte. Encontra-o como um oficial de justiça batendo à porta de seu coração e entregando-lhe uma intimação pessoal. Exige uma resposta e insiste que esta lhe seja dada ali, naquele momento.

Importância

Quando não há aplicação, a pregação perde seu sentido, sua vida, seu interesse. Não traz à consciência nenhuma convicção penetrante, nem oferece qualquer consolação restauradora à alma. Deixa cada ouvinte sentindo-se como uma criança que nunca recebeu carinho e nunca foi disciplinada. Pobre criança! O que será dela? Terá uma vida desorientada e confusa, sem marcos e valores.

Aplicação Penetrante

Pregar sem a aplicação é como atirar uma flecha no ar com a esperança de que ela talvez atinja alguém, em algum lugar. Na providência de Deus, isso pode acontecer, tal como infelizmente o descobriu o rei Acabe, conforme relatado em 1 Reis 22.34-35. Sermões sem objetivo às vezes realizam algo! Contudo, a maneira normal de Deus agir é bem diferente. Na batalha de Agincourt, quando os arqueiros galeses atiraram ao ar, eles sabiam exatamente o que estavam fazendo. Acertaram o alvo e destruíram os franceses.

Um cirurgião tem a vocação de curar, e o instrumento que ele usa é um bisturi. Sem o bisturi, ele não pode curar, mas, se não sabe onde fazer o corte, matará o paciente. O pregador tem de ser muito mais cuidadoso. A aplicação pode curar uma alma, enquanto o erro na aplicação pode arruiná-la para sempre. A aplicação que é conveniente a um ouvinte pode causar danos irreparáveis em outro.

Onde não há aplicação penetrante, não há pregação verdadeira. Temos muito a aprender dos apóstolos. Suas epístolas estão repletas de doutrina, mas eles não disseram: "Bem, é isso. Expliquei a doutrina. Agora deixarei que o Espírito Santo lhes mostre como essas verdades devem ser colocadas em prática". Não! Não! Não! Eles deixaram isso bem claro. Rogaram que seus leitores tivessem uma vida digna da vocação a que haviam sido chamados (Ef 4.1). Mostraram-lhes com detalhes o que isso significava, falando a respeito de sua vida pessoal e seu comportamento na igreja, na família e na sociedade. Lidaram com pecados, deveres, problemas, oportunidade e alegrias específicas. E, deste modo, nos dão um modelo que devemos imitar.

A aplicação penetrante, que constitui a verdadeira pregação bíblica, não tem correspondente no mundo dos não-convertidos. Discursar era uma parte muito importante da vida nos antigos impérios grego e romano, mas a aplicação pública não era encorajada. Não a encontramos em Platão, ou em Aristóteles, ou em seus discípulos. Mas a encontramos em Paulo, Crisóstomo, Wickliffe, Lutero, Calvino, Owen, Bunyan, Whitefield, Wesley, Spurgeon, Lloyd-Jones e Hugh Morgan! Não podemos explicar o poder do púlpito cristão, sem considerarmos o assunto da aplicação. Quando Cristo envia um homem a pregar, Ele não o comissiona apenas para expor a verdade, mas também para dizer aos seus ouvintes como praticá-la.

No entanto, os homens e as mulheres não-convertidos não gostam de ouvir a aplicação. Tampouco os crentes interessados nas coisas espirituais. Lembro que, em certa ocasião, preguei em uma convenção evangélica nas montanhas Jura, que dividem a França e a Suíça. Um grande número de crentes, de ambos os países, estavam ali reunidos. Um deles era um pastor que se mostrou intensamente agitado, enquanto eu pregava. Logo depois da reunião, ele me procurou e disse irritado: "Senhor Olyott, as pessoas de minha igreja não são crianças, nem tolos. Quando você prega a Palavra, eles são perfeitamente capazes de deduzir, por si mesmos, a maneira como devem colocá-la em prática. Eles não precisam que você a apresente em detalhes e de modo tão direto!"

Admito que minha pregação está longe de ser perfeita. Mas aquele homem estava errado. O coração humano é corrupto e não quer ser mudado. Ele fica feliz quando a Palavra é pregada e não pressiona a consciência. Pode ver como a verdade de Deus se aplica aos outros, mas não quer aceitá-la para si mesmo. Age com altruísmo egoísta e passa a responsabilidade a outrem. A pregação não cumprirá seu propósito, se não for aplicada às pessoas que nos ouvem. Temos de incuti-la nos ouvintes e usá-la para atingi-los, porque, se não fizermos isso, eles acharão que a pregação não tem nada a dizer-lhes pessoalmente. Mas como fazemos isso?

2) Como a aplicação penetrante é realizada

Seja específico

Somos pregadores. Pregar é falar sobre *mudanças;* isto é tudo que constitui a pregação. Não somos chamados a falar de modo vago e geral ou somente para explicar princípios. Somos chamados a falar sobre o pecado, a mostrar Cristo e a apresentar, com firmeza, às pessoas os deveres e consolações do evangelho. Escrevendo para uma outra geração, Charles Bridges afirmou: "Para que seja eficaz, a pregação tem de ser reduzida de meras generalidades a caráter pessoal perceptível — influenciando os negócios e às afeições de cada pessoa".[3]

Em Mateus 19.21, podemos ver como nosso Senhor fez isso. Ele podia ver que o jovem rico tinha um ídolo, não em sua casa, mas em seu coração. O jovem rico era um materialista religioso que amava seu dinheiro mais do que ao seu Criador. Nosso Senhor não lhe deu uma palestra sobre os princípios que fundamentam a idolatria, deixando-lhe, em seguida, a imaginar o que deveria ter feito como resultado da palestra. Jesus lhe disse que fosse para casa, destruísse o seu ídolo, pensasse na recompensa eterna e seguisse a Ele — "Se queres ser perfeito, vai, vende os teus bens, dá aos pobres e terás um tesouro no céu; depois, vem e segue-me".

Veja o que nosso Senhor fez em João 4.15-16. Trouxe a mulher samaritana (que era imoral) ao ponto em que ela mostrou interesse pessoal na água viva sobre a qual Ele falava. O próximo passo do Senhor não foi dizer-lhe que, de maneira geral, ela deveria se arrepender de sua vida passada. O Senhor a fez encarar sua própria condição. Jesus lhe disse: "Vai, chama teu marido e vem cá" (Jo 4.16). E sabemos o que aconteceu em seguida.

Veja o que nosso Senhor fez em Marcos 7.20-23. Ele estava lidando com pessoas que não entendiam a corrupção do coração. Por isso, lhes mostrou o seu erro e lhes ensinou um princípio geral: "O que sai do homem, isso é o que o contamina". Esse é o ponto em que param muitos dos pregadores modernos. Não dizem mais nada, deixando as pessoas pensarem o que isto realmente significa. Nosso Senhor não agiu assim. Ele descreveu com bastante clareza a maneira como as pessoas deviam pensar:

> Porque de dentro, do coração dos homens, é que procedem os maus desígnios, a prostituição, os furtos, os homicídios, os adultérios, a avareza, as malícias, o dolo, a lascívia, a inveja, a blasfêmia, a soberba, a loucura. Ora, todos estes males vêm de dentro e contaminam o homem (Mc 7.22-23).

Veja como o apóstolo Paulo seguiu com precisão o método de nosso Senhor. Em Gálatas 5.16-18, ele disse aos seus leitores que neste mundo há dois tipos de comportamento. Um deles é inspirado pelo Espírito Santo; o outro, pela "concupiscência da carne". Se vivermos à maneira do Espírito, não seguiremos o comportamento da carne, ainda que o achemos muito atraente. As regras não impedem que você siga o comportamento errado, mas o andar no Espírito impede!

O que Paulo escreveu é claro, e suscita a pergunta: os crentes da Galácia realmente sabiam de que maneira se expressava cada um desses comportamentos? Paulo era um pregador e não os deixou com dúvida:

> Ora, as obras da carne são conhecidas e são: prostituição, impureza, lascívia, idolatria, feitiçarias, inimizades, porfias, ciúmes, iras, discórdias, dissensões, facções, invejas, bebedices, glutonarias e coisas semelhantes a estas, a respeito das quais eu vos declaro, como já, outrora, vos preveni, que não herdarão o reino de Deus os que tais coisas praticam. Mas o fruto do Espírito é: amor, alegria, paz, longanimidade, benignidade, bondade, fidelidade, mansidão, domínio próprio. Contra estas coisas não há lei (Gl 5.19-23).

Depois da leitura de um parágrafo como esse, todo crente da Galácia saberia, em detalhes, a diferença entre o caráter de um não-crente e o de um crente. De modo semelhante, o apóstolo especificou a Timóteo que existem dois tipos de pessoas na terra: o justo e o ímpio. Mas, em termos concretos, a que se assemelha a impiedade? Novamente, o apóstolo seguiu o método de ensino de seu Senhor:

> Tendo em vista que não se promulga lei para quem é justo, mas para transgressores e rebeldes, irreverentes e pecadores, ímpios e profanos, parricidas e matricidas, homicidas, impuros, sodomitas, raptores de homens, mentirosos, perjuros e para tudo quanto se opõe à sã doutrina, segundo o evangelho da glória do Deus bendito, do qual fui encarregado (1 Tm 1.9-11).

Nem o nosso Senhor, nem o seu apóstolo se satisfez com afirmações gerais. Eles as detalharam. Deram uma lista de exemplos do assunto a respeito do qual falavam. Se a aplicação é muito geral, ela deixa de ser aplicação. O alvo do pregador é a consciência, sempre. Ele a atinge por meio da mente, esperando que a consciência motive a vida. Ele a invade, faz-lhe perguntas e insiste que ela pense e se comporte à luz da verdade pregada.

John Jones, de Talsarn, um dos maiores pregadores do País de Gales, no século XIX, às vezes fazia comentários sobre o seu método de pregação. Ele disse que sempre subia ao púlpito levando várias bombas. Jogava uma delas sobre a congregação no início do sermão, observando-a matar algumas pessoas. E continuava jogando bombas durante todo o sermão, até que todos os seus ouvintes estivessem "aniquilados"!

O que ele queria dizer? John Jones acreditava na aplicação, usando-a de maneiras diferentes para incutir a Palavra, até que ela tivesse efeito em todos os ouvintes. Os pregadores mais poderosos da História sempre fizeram isso. Um sermão impresso não é semelhante a um sermão pregado, mas podemos ver essa característica em homens como John Wesley, George Whitefield e Jonathan Edwards. Os puritanos fizeram isso antes desses homens, acompanhando sempre a sua exposição e doutrina com o que chamavam de "usos". Esses "usos", ou aplicações, eram frequentemente numerosos, e a principal característica deles era que falavam de modo específico às suas congregações a respeito do seu pecado, deveres, problemas e privilégios. O erro de não falarmos de modo específico, como o fizeram os puritanos, de certa forma, explica a falta de poder em nossa pregação, hoje.

Seja discriminador

Quando nos levantamos para pregar e olhamos para a congregação, podemos estar certos de que encontraremos vários tipos de pessoas presentes. Talvez esteja ali um visitante que tem pouco ou nenhum contato com o evangelho. Provavelmente, há alguém que frequenta a igreja com regularidade, mas não parece ser convertido; ou uma pessoa que "fez uma decisão por Cristo" e não mostra qualquer evidência de ter vida espiritual; ou alguns que ainda são perdidos, mas estão buscando o Senhor com sinceridade. Há também os novos convertidos, os crentes amadurecidos e os que passam por fortes tentações, dúvidas ou tribulações. Há aqueles que estão se tornando egoístas e cujo andar espiritual se tornou desestimulante e cansativo. Veremos crianças que se mostram contentes por estarem ali e outras que apenas toleram aquele lugar. Há um adolescente aborrecido, segurando sua cabeça entre as mãos. E assim por diante. Quem sabe quantos tipos diferentes de pessoas podemos acrescentar à lista?

O que faremos com todas essas pessoas? Colocaremos o remédio no balcão e diremos: "Aqui está, pessoal! O remédio lhes fará bem. Tomem a dosagem que acharem conveniente"? Ou, como um farmacêutico responsável, daremos a medida certa para *cada um*?

É claro que na pregação pública não focalizamos os indivíduos, nem citamos o nome de alguém. Mas, quando a verdade é pregada, cada grupo de pessoas precisa saber como aquela verdade se aplica a elas, e cada indivíduo presente precisa ser capaz de dizer a si mesmo: "Existe algo *para mim* nessa mensagem".

Pensemos na cidade imoral de Corinto, do século I, e gastemos um momento com a igreja cristã daquele lugar. Os crentes recebem uma carta do apóstolo Paulo! Todos se assentam e alguém começa a ler a carta. Em certo momento, há um silêncio especial:

> *Ou não sabeis que os injustos não herdarão o reino de Deus? Não vos enganeis: nem impuros, nem idólatras, nem adúlteros, nem efeminados, nem sodomitas, nem ladrões, nem avarentos, nem bêbados, nem maldizentes, nem roubadores herdarão o reino de Deus. Tais fostes alguns de vós; mas vós vos lavastes, mas fostes santificados, mas fostes justificados em o nome do Senhor Jesus Cristo e no Espírito do nosso Deus (1 Co 6.9-11).*

Você pode imaginar como cada pessoa se sentiu, quando seu pecado particular foi mencionado publicamente? Pode imaginar o senso de alívio que se propagou na congregação, quando as duas últimas sentenças foram lidas? Haveria esse senso de alívio e admiração, se o apóstolo tivesse dito: "Alguns dos pecados de vocês eram terríveis, mas Deus perdoou todos eles?" Há um poder na aplicação que não somente é específico, mas também fala a grupos definidos de pessoas.

Existe um livro, escrito originalmente em inglês, que Deus tem usado para dar vida espiritual a milhares de pessoas. Foi escrito pelo puritano Joseph Alleine e se chama *An Alarm to the Unconverted*. Alleine menciona dez tipos de pessoas que são evidentemente não-convertidas. Depois, ele se refere a doze marcas secretas de uma pessoa não-convertida. Em outras palavras, ele mostra que há vinte e dois tipos de pessoas não-convertidas, dirigindo-se a cada um desses tipos, sem corromper um único versículo das Escrituras.[4] Se Deus descreve os homens e mulheres não-convertidos de maneiras tão diferentes, não deveríamos também reconhecer que esses tipos existem e dirigir-nos aos não-convertidos de acordo com seus tipos?

O que tudo isto significa na prática? Antes de me levantar e pregar, devo pensar nos ouvintes do sermão. Devo pensar na congregação que tenho diante de mim, e não na congregação que eu *gostaria* de ter! O que a minha passagem tem a dizer ao menino que cursa o Ensino Fundamental? Como o texto se aplica ao adolescente e ao estudante que está com seus pais apenas em gozo de férias? De que maneiras particulares a mensagem fala aos jovens recém-casados, aos que pretendem ser missionários, ao solteiro de quarenta anos, ao desempregado, à viúva, ao triste, ao solitário, ao ancião, ao enfermo e ao atribulado?

Não basta preparar um tecido de alta qualidade. Chegou a hora de cortá-lo. Toda pessoa do auditório precisa ver que você tem pendurado no púlpito roupas feitas exatamente para elas. Mas isto não é tudo; você tem de exortá-las a vestir tais roupas. Isto nos leva ao nosso ponto final.

Seja persuasivo

Nossos ouvintes precisam saber não somente que as roupas *devem* ser vestidas, mas também que *podem* ser vestidas e que está neles mesmos o interesse de fazer isso. O pregador não cumpre o seu dever, se apenas diz às pessoas *o que* fazer. Ele tem de mostrar-lhes *como* e *por que* tal coisa é digna de ser feita. A Bíblia é sempre clara em mostrar *o que* fazer. O "*por que*" é apresentado no seu ensino geral a respeito das bênçãos da obediência — bênçãos que desfrutaremos tanto nesta vida como no porvir. O *como* é exposto no ensino bíblico a respeito da sabedoria, e neste ponto o pregador precisa fazer algumas sugestões práticas que abençoarão seu povo, e não somente falar com a autoridade direta da Palavra de Deus. Esta é uma área em que ele não pode ser negligente. Ele não estaria tratando os seus ouvintes com amor, se fizesse isso.

Ralhar não é a melhor maneira de persuadir as pessoas a fazerem algo digno. A Palavra de Deus tem muito a dizer a respeito de mulheres rabugentas, e nada do que ela diz sobre isso é positivo! Pregadores fiéis são firmes quanto ao pecado e à necessidade de arrependimento, mas, como homens que cuidam das pessoas, eles ainda preferem as promessas à vara. Os pais que amam seus filhos aplicam-lhes disciplina quando necessário, mas gastam muito de seu tempo dando-lhes encorajamento e docinhos. Um cachorrinho aprende obediência mais por meio de uma recompensa em pedaços de chocolate do que por meio de palavras severas e pancadas.

Quando eu era um jovem pastor, fui convidado a palestrar em algumas reuniões especiais em uma pequena cidade do Sul do País de Gales. Achei o templo mais rapidamente do que esperava; por isso, cheguei antes que o abrissem. Duas senhoras de idade avançada já esperavam do lado de fora. Perguntei-lhes: "Vieram à reunião?" Elas responderam: "Sim, viemos para ouvir o Chicote!"

O Chicote? As senhoras, que não me reconheceram, me disseram que alguns meses antes tinham ouvido um pregador que havia sido convidado. Que chicotada ele lhes havia dado! Não estavam certas de que concordariam com ele hoje, mas estavam lhe dando o benefício da dúvida e tinham vindo para escutá-lo novamente.

Não preciso lhe dizer que ficaram embaraçadas quando compreenderam, repentinamente, que estavam falando com o "Chicote". Mas, não tão embaraçadas como eu, por haver recebido aquele apelido. Aprendi muito com aquelas duas irmãs em Cristo. Elas não fizeram nada para diminuir meu desejo de ser franco e direto, mas revelaram-me que repreender severamente as pessoas e persuadi-las são duas coisas diferentes.

A *persuasão* tem o propósito de mostrar que a roupa criada por você é digna de ser vestida. Fala aos ouvintes sobre a felicidade e bênção que gozarão em sua vida, se colocarem em prática a verdade de Deus. Expõe-lhes os perigos que enfrentarão, o progresso que conquistarão, as experiências que desfrutarão e como a obediência agrada ao seu Redentor. A persuasão deixa as pessoas não somente *dispostas,* mas também *desejosas* de andar com Deus.

Através dos anos, tenho passado muito tempo levando jovens para caminharmos pelas colinas e montanhas do Norte do País de Gales. Eles sempre reclamam que os faço levar muitas coisas. Por que não levar apenas alguns sanduíches e algo para beber? Por que insisto em algumas roupas sobressalentes, um chapéu, jaquetas e calças à prova d'água, kit de primeiros socorros, um apito, uma lanterna, comida de emergência, um litro de água, um saco de dormir e várias outras coisas — e tudo isso em um dia de verão? Eu lhes explico o que tem acontecido a outros e por que cada item é necessário. A murmuração cessa, cada um pega a sua mochila, e desfrutamos o dia! Dizer: "Tragam apenas o que lhes disse ou não poderão ir comigo" não produziria o mesmo efeito.

A persuasão faz parte da vida, porém, muito frequentemente, ela não tem seu lugar na pregação. Quantos jovens você conhece que gostam de futebol, mas não gostam dos treinos iniciais? Nesses treinos, eles aprendem que, se tiverem melhor preparo do que o outro time, se tiverem maior resistência física, se puderem driblar com muita habilidade, quase sempre vencerão. O pensamento de vitórias regulares transforma o ânimo dos jogadores. Um quilo de persuasão equivale a uma tonelada de repreensão.

A verdadeira persuasão envolve emoção, paixão. Direi mais sobre isso em outro capítulo. Agora, porém, algo precisa ser dito. Alguns pregadores não gostam de qualquer expressão de emoção, e alguns dos que ensinam os pregadores desencorajam as emoções. Eles precisam lembrar que você não pode persuadir ninguém, a menos que seu coração esteja envolvido na persuasão. O discurso persuasivo está repleto de sentimentos. Pregadores persuasivos falam sobre o mal com desgosto, de Cristo com ardor, dos crentes com amor, do céu com entusiasmo! São estimulados no profundo de seu ser, e todos os adultos e crianças que os ouvem estão cientes disso! Os pregadores que permanecem como estátuas, falando com seriedade e calma, mas sem sentimentos, não persuadem as pessoas. Eles têm perdido seu "toque" humano. Por que ouvir uma pessoa que expõe os fatos sem expressão, quando você pode obter a mesma informação em cores, na *internet*?

Pensemos na Grande Guerra de 1914 a 1918. Um grupo de soldados temerosos está posicionado atrás dos sacos de areia, em uma trincheira lamacenta. Em poucos minutos, um apito soará, e eles terão de subir as escadas, saltar por sobre os sacos de areia e correr por entre uma chuva de balas, em direção ao inimigo. Muitos morrerão imediatamente, outros sangrarão até à morte na terra de ninguém, e somente alguns retornarão. Como você motiva homens como esses? Como você os convence a subir as escadas e a correr em direção à morte?

O sargento fala com eles com um profundo sentimento em sua voz. Ele lhes explica o que está em jogo nessa guerra. Se perderem-na, não terão mais liberdade. Seus pais serão mortos; suas esposas talvez serão violentadas, e seus filhos serão escravizados. Tudo o que eles sempre valorizaram desaparecerá para sempre. Essa batalha é importante. De fato, é vitalmente importante. Se vencerem-na, a guerra não estará ganha, mas terão dado um passo adiante. Nesse ponto, o sargento levanta a arma, soa o apito e grita com uma paixão de vencedor: "Avançar! Avançar!"

Onde não há paixão, não há persuasão. Se o próprio general tivesse vindo e apresentado os mesmos fatos, mas o houvesse feito em tom gélido, sem ardor, sentimento, vigor e intensidade, a batalha teria sido perdida. Os homens teriam ficado desanimados e cheios de dúvidas. O dever os teria levado às escadas, mas não à vitória. Embora o pregador use palavras totalmente verdadeiras, as únicas palavras que atingem o coração são aquelas que vêm do coração. Os pregadores nunca estimulam alguém, se eles mesmos não estão estimulados.

* * *

O teste final de um sermão não é o que as pessoas sentem, enquanto o sermão está sendo apresentado. Já vimos que a "emoção" do momento é importante, e que sem ela o sermão não pode cumprir o seu propósito. No entanto, ainda permanece a grande pergunta: a verdade *pregada* se tornou uma verdade *praticada*?

Numa manhã de segunda-feira, nosso alfaiate imaginário anda pela cidade na qual ele pregou sermões para vinte pessoas nos últimos meses. Ele as conhecia bem e decidiu encontrar-se inesperadamente com cada uma delas, se fosse possível. Achou John e Mary esperando o ônibus que tomariam para ir à escola. Conversou com Mônica, que trabalhava no banco. Tomou café com Stephen, que retornaria à universidade apenas na outra semana. Foi ao supermercado, à clínica, ao posto de gasolina, à biblioteca, à floricultura, ao escritório de advogados, à prefeitura e à coletoria. Por fim, ele checou a sua lista, e percebeu que se encontrara com dezenove pessoas; por isso, retornou para casa, a fim de almoçar com a vigésima, a sua esposa. Observou que ela, assim como os demais, vestia as roupas que ele mesmo fizera. Ele foi ao andar superior, para lavar as mãos, antes de comer, entrou em seu quarto, ajoelhou-se e agradeceu a Deus.

Exercício

1. Você deve pregar numa igreja em que não esteve antes e da qual não conhece ninguém. O que você pode fazer para assegurar-se de que seu sermão estará cheio de aplicações significativas?
2. Seu novo pastor é tão preocupado em pregar de maneira penetrante, que se tornou censurador. Dê-lhe alguns conselhos.
3. Esboce um sermão sobre Ezequiel 37.1-14 e faça uma lista de suas aplicações.

Notas:

1 BROADUS, John A. *On the preparation and delivery of sermons*. London: Hodder & Stoughton. p. 211.
2 Citado por John A. Broadus, p. 210.
3 BRIDGES, Charles. *The christian ministry*. London: The Banner of Truth Trust, 1958. p. 271.
4 Ver Capítulo 4, The Marks of the Unconverted (As Marcas do Não-Convertido), em *An alarm to the unconverted* (em português, *Um guia seguro para o céu*, Editora PES), London: The Banner of Truth Trust, 1959. p. 44-53.

6
Pregação Eficiente

Quando um livro *não* é um livro? É fácil responder a essa pergunta. Estou sentando em frente a um computador no qual tenho digitado tudo que você leu até este ponto. Isto será um livro, mais ainda não é. Um livro não tem existência até que seja impresso e receba o acabamento gráfico.

Quando um sermão *não* é um sermão? Quando a exegese foi concluída; a doutrina, reunida; a estrutura, harmonizada; as ilustrações, selecionadas; as aplicações, preparadas; e, a versão final, escrita. Mas, ainda não há um sermão — nenhum sermão! Um sermão não tem existência enquanto não é pregado.

Esta é a razão por que a apresentação pública de um sermão tem importância crucial. A mensagem mais bem preparada do mundo terá pouco valor, se não for apresentada tão bem quanto deveria ser. O trabalho árduo de nossas horas e dias pode se perder em um momento. Um bebê pode ser concebido no ventre da mãe e crescer bem, até o instante de seu nascimento, mas poderá destroçar o coração dos pais, se nascer morto.

Penso que já disse isso antes: em minha vida, cheguei a um estágio em que ouço muitos sermões. Por causa de meus círculos de convivência, tenho poucas queixas a respeito do conteúdo desses sermões. Mas muitos dentre eles são apresentados de modo sofrível. Isto acontece porque os pregadores dão mais atenção à preparação do sermão do que à sua exposição pública. Sobem ao púlpito com o senso de que já têm algo completo. Dizem a si mesmos: "Tenho um sermão", não admitindo que um verdadeiro sermão é aquele que as pessoas levam consigo para casa. Eles são cuidadosos na maneira de elaborar seus sermões, mas negligentes, e até medíocres, na maneira de comunicá-los.

Isso não produzirá resultado algum. Sermões pregados de modo negligente não glorificam a Deus. Desapontam as pessoas, retardam a progresso do evangelho e provocam grande medida de rejeição. Todo pregador tem de avaliar como apresenta o seu sermão, a cada vez que o prega. Ele não progredirá automaticamente. Pode até piorar, especialmente se os seus maus hábitos se tornam tão arraigados, que o incapacitam de livrar-se deles. Se negligenciarmos o assunto da apresentação do sermão, logo será muito tarde para progredirmos. Peço-lhe que considere estes sete aspectos:[1]

1) Seu espírito

A pregação que você prepara não pode ser divorciada de *você mesmo*! Quando você prega a homens e mulheres, algo do seu *espírito* se revela a eles, e não pode ficar oculto. A mais famosa afirmação desta ligação indissolúvel entre o pregador e sua pregação se encontra na palestra de Phillips Brooks, intitulada *Os Dois Elementos da Pregação*, apresentada na Conferência Lyman Beecher, em 1877:

> *A pregação é a comunicação da verdade feita de homens para homens. Ela tem dois elementos essenciais: verdade e personalidade... Nenhum destes pode estar ausente e, ao mesmo tempo, haver pregação... Pregar é apresentar a verdade por meio da personalidade... A verdade, em si mesma, é um elemento fixo e estável; a personalidade é um elemento variável, sujeito a crescimento.*[2]

Todos nós temos caráter e personalidade diferentes. No entanto, existem algumas qualidades que têm de ser verdadeiras em cada pregador. Primeiramente, temos de ser *corajosos*. Somos chamados a permanecer na fila daqueles que se mostraram fiéis a Deus, sem importarem-se com as opiniões dos homens e das mulheres — na fila em que permanecem Moisés, Elias, Jeremias, João Batista, nosso Senhor Jesus Cristo, os apóstolos, os mártires, os reformadores como Martinho Lutero, John Knox, os avivalistas do século XVIII e inúmeros outros. Somos os portadores da Palavra de Deus! Pregamos a cruz desprezada. Nossa mensagem está repleta de consolação, mas não temos palavras agradáveis para os impenitentes e nenhum comprometimento com o espírito de impiedade que predomina em todas as épocas.

Temos de ser *humildes*. Sabemos que o orgulho, nosso maior obstáculo, pode arruinar nosso ministério e roubar-nos o poder. Com certeza, não pediremos desculpas pela mensagem que trazemos: "Se alguém fala, fale de acordo com os oráculos de Deus" (1 Pe 4.11). Entretanto, não podemos ser fiéis ao evangelho do Cristo que humilhou-se a Si mesmo, se pregamos com um espírito de auto-importância. Cairemos no orgulho todos os dias, se esquecermos o nosso pecado, a cruz do Salvador e o fato de que não podemos fazer nada sem a bênção do Senhor.

Temos de ser *sinceros*. As pessoas, em especial os jovens, odeiam a falsidade. É triste dizer que a metade das pessoas espera detectar a falsidade no pregador. Temos de ser tão verdadeiros, a ponto de evitar a impressão de que somos perfeitos; devemos ser santos o suficiente para que todos saibam que vivemos o que pregamos. Podemos destruir todo o nosso ministério por vivermos de modo incoerente. Todos sabemos que as pessoas sinceras exercem sobre nós um poder que dificilmente conseguimos expressar com palavras. *Sendo sincero* é a única maneira de se falar como uma pessoa sincera!

Temos de ser *fervorosos*. Voltamos à questão dos sentimentos, que é tão pouco enfatizada nestes dias. Temos de crer no que falamos, as nossas palavras têm de significar exatamente o que afirmamos, e devemos *sentir* o que dizemos. Nos importamos ou não com as pessoas que estão diante de nós? O destino eterno delas depende de sua reação ao que estamos dizendo. Como podemos ser insensíveis? Somos indesculpáveis, se pregamos uma mensagem fria, quando assuntos eternos estão em jogo. Mas não podemos fabricar por nós mesmos uma pregação fervorosa. Temos de sentir a força estimulante da verdade em nossa alma; assim, falaremos com grande persuasão.

Temos de ser auto*controlados*. Se conhecermos bem o material sobre o qual pregaremos; se em nosso coração cremos nesse material e preparamos bem o nosso sermão, nossa apresentação será caracterizada por calma e confiança. A sinceridade e o fervor nos moverão a expressar-nos com persuasão. Onde não há moderação e calma, os pregadores transmitem a mensagem como fanáticos alucinados. Quando não têm auto-renúncia, os pregadores falam como pessoas insensíveis. Na pregação, tem de haver combustível e fogo. O fogo sem combustível se apaga rapidamente, enquanto o combustível sem fogo é frio e inútil. Precisamos realmente de ambos e não satisfazer-nos com nada menos do que ambos! Alegro-me em saber que um discípulo que *gasta tempo* com o seu Senhor ressuscitado, ouvindo a voz dEle, nas Escrituras, será levado à experiência da estrada de Emaús, e seu coração arderá por escutá-Lo (Lc 24.32).

Temos de ser *corteses*. Ninguém deve pregar a menos que saiba a diferença entre ser direto e ser rude. Se ofendermos as pessoas, nunca devemos fazê-lo pelo modo como falamos as coisas, e sim *apenas* por causa daquilo que a Palavra de Deus contém. Ilustrações grosseiras, maus costumes, palavras triviais e atitudes hostis não têm lugar no púlpito cristão. O pregador também não deve repreender as pessoas presentes por causa do pecado daquelas que estão ausentes!

Temos de ser *bem-humorados*. Há "tempo de chorar e tempo de rir" (Ec 3.4). Já falamos um pouco sobre o assunto de humor no púlpito. Contudo, desejamos falar um pouco mais agora. É fatal alguém misturar a seriedade com a tristeza excessiva. É claro que existem alguns temas que nunca devem ser motivo de riso, tais como Deus, a expiação, a morte, o julgamento, o céu e o inferno. Mas, quando o humor pode ser servo da verdade (e, certamente, esse é um grande princípio), não tenhamos medo de usá-lo. O humor pode aliviar a pressão emocional, ajudar na concentração, cativar aqueles que nos são hostis, investir contra a hipocrisia, mostrar quão ridículas são certas ideias e provar aos nossos ouvintes que somos humanos. Se Deus colocou essa ferramenta ao nosso dispor, seria correto rejeitá-la?

2) Sua linguagem

Como transmitimos a mensagem àqueles que estão diante de nós? Por meio de palavras! Se essas palavras são claras e vigorosas, a mensagem será clara e vigorosa. As palavras são o veículo pelo qual os pensamentos de nossa mente chegam ao coração dos ouvintes. Todos os outros fatores mencionados neste capítulo podem ajudar ou prejudicar a mensagem, que, em si mesma, é constituída de *palavras*.

Quão poucos pregadores meditam constantemente nas palavras que usam! Esse não é o maior erro apenas daqueles que são jovens e inexperientes, mas também de muitos que pregam há décadas. Você já meditou no quanto a Palavra de Deus tem a dizer sobre o uso das palavras? Talvez você descubra que algumas horas usando a Bíblia e uma concordância abririam verdadeiramente os seus olhos. Embora já tenha feito esse estudo, não tenho espaço para falar sobre isso agora. Tudo que posso dizer-lhe é que a Bíblia nos ensina que a escolha das palavras é um assunto *deveras* importante. Além disso, a Bíblia não nos foi dada em forma de palavras escolhidas pelo Espírito Santo?

Pensemos sobre a pregação, passada e presente. Muitas pregações que, de outro modo, poderiam ser excelentes, não têm sido ridicularizadas por causa das palavras mal escolhidas, gramaticalmente erradas e mal pronunciadas que alguns pregadores usaram? Milhares e milhares de mensagens que, de outro modo, seriam excelentes não tem provocado nenhuma resposta da parte dos ouvintes, tão-somente porque os pregadores usaram palavras que as pessoas não acharam fáceis de entender?

Não pode haver uma boa comunicação da mensagem, se não houver um uso cuidadoso das palavras. Eis quatro coisas que devemos sempre lembrar:

Simplicidade

Falamos com simplicidade quando:
- Apresentamos cada ponto em uma única frase.
- Muitas de nossas frases não têm mais do que dez palavras.
- 90% de nossas palavras são com poucas sílabas.
- Usamos palavras que nossos ouvintes entendem com *facilidade*.

As frases são como tijolos; construímos nosso sermão na mente das pessoas colocando um pensamento por vez. Gastei boa parte de minha vida tentando dizer aos pregadores que um *estilo oral* não é o mesmo que um *estilo escrito*. E agora o digo novamente. Precisamos ter pensamentos profundos, mas precisamos também expressá-los com simplicidade. Se as crianças não podem entendê-los, estamos sendo muito complicados. Por isso, devemos ter as crianças em mente todo o tempo.

Em um contexto diferente, o apóstolo Paulo escreveu: "Assim, vós, se, com a língua, não disserdes palavra compreensível, como se entenderá o que dizeis? Porque estareis como se falásseis ao ar" (1 Co 14.9). Foi dito a respeito de nosso Senhor: "E a grande multidão o ouvia com prazer" (Mc 12.37).

Gramática

Por que tirar a atenção da *mensagem* para focalizá-la no *mensageiro*? Isso acontece quando usamos um português incorreto. Não devemos ser tão melindrosos que acabemos falando de maneira artificial e enjoativa. O importante é ser *claro,* e não correto. Mas não somos claros, se cometemos erros que estridulam nos ouvidos das pessoas.

Não é difícil falar bom português. Se lermos muitos livros bem escritos, absorveremos bom português sem percebermos. Além do mais, é proveitoso ler alguns livros simples de gramática portuguesa, restringindo-nos à leitura de duas ou três páginas por vez, a fim de deixarmos o assunto penetrar em nossa mente. E por que não pedir que um irmão anote os nossos erros e nos fale sobre eles depois? É melhor você receber a avaliação dele do que a igreja ser distraída pelo seu uso do português.

Convicção

Temos de escolher as palavras certas que expressem *exatamente* o que pretendemos dizer. Se não fizermos isso, o que *desejamos* que as pessoas entendam não será o que elas *realmente* entenderão.

A linguagem não é convincente, quando os pregadores usam palavras que indicam hesitação. Essas palavras mais comuns são "eh!" e "hum!" Os jovens são especialmente propensos a usá-las. Não precisamos delas. Fazem o pregador parecer hesitante, incerto e estúpido. Roubam sua autoridade. Se você for culpado desse hábito irritante, não tente fazer nada a respeito dele. Apenas observe quando você usa palavras que indicam hesitação, e elas desaparecerão por si mesmas.

Quase tão más quanto essas palavras são as palavras triviais. São palavras que não acrescentam nada ao significado das frases e, no entanto, têm o poder de torná-las irrelevantes. Se você encara com seriedade o seu chamado, abandonará esse tipo de palavras para sempre. As mais comuns são "entende?" e "Entende o que eu quero dizer?" A pior delas é "apenas" — "Vamos apenas orar"; "Leiamos apenas alguns versículos de Marcos"; "Quero apenas dizer-lhes"; porque dá a impressão de que você está se desculpando pelo que está falando. Todas as sentenças que usam "apenas" se tornam mais vigorosas e convincentes se esta palavra for retirada.

Pronúncia correta

Novamente, por que afastar da mensagem a atenção dos ouvintes? *Nada* deve ser um obstáculo. Todos nós devemos usar o dicionário para aprender como proferir corretamente qualquer palavra cuja pronúncia não conhecemos bem. Devemos também usar um dicionário bíblico para aprendermos a pronúncia correta dos nomes próprios dados no texto. Há muito tempo a Bíblia foi traduzida para o português. Existe uma maneira correta de pronunciar o nome de cada pessoa e cada lugar mencionado na Bíblia, por que, então, inventamos hesitantemente nossa própria maneira de pronunciá-los?

No que diz respeito às palavras, não devemos *nunca* usar uma palavra que não sabemos, *com certeza*, como pronunciá-la. Aprimore a sua linguagem! Não torne o evangelho ridículo por causa da maneira como você fala, quando está pregando! As palavras que usamos na pregação são as vestes dela — por que vesti-la com trapos?

3) Sua voz

Os pregadores jovens sempre me pedem algumas regras simples que os ajudem a desenvolver uma voz interessante, protegida do desgaste. Nunca me senti capaz de dar-lhes tais regras, mas tenho lhes transmitido algumas dicas. A mais importante dessas dicas é entender que "a perfeição ao pregar está em falar normalmente" (C. H. Spurgeon). Na conversa normal, não pensamos muito em nossa voz. Nossa mente é tomada pelo que desejamos comunicar e pelo que desejamos que aconteça em seguida. Se isso também acontece conosco quando pregamos, falaremos muito bem. Nossa comunicação será fluente, fácil e quase conversacional. Eu digo "quase" porque não será exatamente uma conversa. Como pode ser isso, visto que estaremos falando de uma plataforma ou de um púlpito e não de uma poltrona?

Nossa voz se tornará melhor apenas por sabermos como são feitas as cordas vocais. A voz é um instrumento resultante de sopro. O ar em nossos pulmões, o qual expelimos com nosso diafragma, passa pelas cordas vocais, fazendo-as vibrar. As cordas vocais estão na laringe, no topo de nossa traqueia. As vibrações se tornam ondas de som, que são amplificadas pelos espaços vazios de nossa laringe, pelas cavidades e pela boca. O palato, os maxilares, os dentes, os lábios e a língua mudam o formato dessas cavidades ressonantes e, assim, produzem sons diferentes. Portanto, para falarmos com clareza, conforto e de modo audível, temos de aprender a controlar nossa respiração, a não abusar das cordas vocais, a utilizar nossos ressonadores e a movimentar aquilo que modifica o som. *Entender* isso nos leva frequentemente a aprimoramentos notáveis.

Para tornar nossa voz mais interessante e agradável a alguém, devemos também entender as cinco capacidades com as quais nosso Criador dotou a nossa voz:

1. Nível: ela pode subir ou descer;
2. Ritmo: ela pode ser rápida ou lenta;
3. Volume: ela pode ser alta ou baixa;
4. Tom: ela pode ser grave ou aguda;
5. Ênfase: ela pode enfatizar certas palavras em uma sentença.

Lembre-se também do maravilhoso poder da pausa. O que Rudyard Kipling queria dizer, ao afirmar: "Você fala por meio do seu silêncio"? Por que Cícero, o grande orador público, declarou: "O segredo da retórica é... a pausa"? A verdade é que o silêncio premeditado sempre atrai a atenção e pode ser usado para causar ênfase especial em palavras e ideias. Você já ouviu um pregador que não parava de falar? O que você sentiu enquanto o ouvia?

Muitas pessoas acham esse tipo de discurso muito cansativo e irritante. Elas se desligam. Não podem assimilar os assuntos, se estes são comunicados em fluxo incessante, sem pausa. Mas lembre-se: "A pausa deve ser suficientemente longa para atrair a atenção ao pensamento, mas não deve ser extensa demais para atrair a atenção à própria pausa".[3]

4) Sua comunicação não-verbal

Em anos recentes, tem havido muitas pesquisas no âmbito da comunicação verbal. Em todo o tempo (e não temos consciência disso!), estamos transmitindo mensagens por meio da maneira como nos assentamos ou ficamos de pé; por meio de nossa expressão e gestos faciais, bem como por meio do espaço que gostamos de usar. Por causa da variedade de culturas, essas coisas têm significados diferentes nos diversos povos.

Não ousemos ignorar esse fenômeno! Não o ridicularize. Tonalidade de voz, sorrisos, rosto franzido, piscadelas, fitar alguém e acenar com os olhos transmitem *realmente* uma mensagem, como o reconhece a Palavra de Deus (Pv 6.12-14). Pregar não é apenas algo que ouvimos; é também algo que *vemos*. Quando as pessoas o vêem pregando, seus olhos, mãos, face e pés estão comunicando algo. E isto pode ser em seu favor ou contra você.

Isto não deve nos constranger. Todos precisamos reconhecer que a mensagem verbal não deve ser contraditada pela mensagem não-verbal. O que você diria a respeito de um pregador que ergue os punhos e os balança, enquanto prega sobre "Vinde a mim, todos os que estais cansados e sobrecarregados, e eu vos aliviarei" (Mt 11.28)? O que pensaria de um homem que prega sobre o inferno e conserva ambas as mãos nos bolsos? O que diria a respeito de um pregador que fala sobre "Não possuo nem prata nem ouro" (At 3.6), enquanto brinca frequentemente com seu anel de ouro? Temos de conscientizar-nos deste assunto. Se o fizermos, o mau uso de comunicação não-verbal será curado.

Um dos aspectos do assunto que ora consideramos é o *contato visual*. Esta é uma área em que até os mais experientes pregadores falham horrivelmente. Olhe para os seus ouvintes! *Olhe* para eles! Contemple o rosto de todos os presentes, enquanto você prega!

Você não terá um meio de comunicação não-verbal mais proveitoso do que este. O contato visual exige atenção — quem se concentrará na mensagem de um pregador que nunca olha para seus ouvintes? Olhe para eles nos olhos e cada um sentirá que a mensagem é *pessoalmente* para si. Sim, durante a mensagem, conecte-se com cada pessoa, *enquanto você está falando*. Não as trate como uma multidão e sim como indivíduos, o que elas realmente são.

Quando um pregador tem bom contato visual com as pessoas, estas provavelmente o levarão a sério. Todos desconfiamos de pessoas que não nos olham nos olhos. Pensamos que são indignas de confiança e astutas, que procuram ocultar-nos alguma coisa. Nenhum pregador do evangelho deve passar essa impressão, nem mesmo involuntariamente. Permita que seus ouvintes vejam os seus olhos; faça-os perceber que você está olhando para eles.

Além disso, o contato visual tem outra vantagem. Capacita-o a ver como as pessoas estão reagindo à sua mensagem. Elas parecem interessadas? Confusas? Insatisfeitas? Estimuladas? Atribuladas? Hostis? Estão começando a cansar-se? É tempo de usar uma ilustração, para cativar-lhes a atenção? Se você não *olha* para os seus ouvintes, não pode responder nenhuma dessas perguntas.

Todos os pregadores que amam sua igreja são habilidosos no contato visual. De que modo eles reconhecerão a pessoa atribulada, à qual poderão oferecer uma palavra de ajuda pessoal? De que outro modo poderão observar se a congregação está bem acomodada — se está sentindo calor ou frio, se é incomodada pelo excesso de claridade, se têm de lutar contra a falta de luminosidade ou qualquer outra dificuldade de acomodação? Estas coisas não serão corrigidas, se o homem que está diante deles não agir — e o Sr. Pregador, o homem que está diante deles, é *você*!

Este não é o tempo de olhar por cima da cabeça dos ouvintes, fixar os olhos nas anotações da pregação, contemplar as janelas ou fechar os olhos; pelo contrário, é tempo de olhar as pessoas nos olhos e ministrar-lhes, sem temor, a Palavra de Deus.

5) Sua aparência

Ao considerar o assunto de apresentação do sermão, precisamos atentar à apresentação pessoal e às roupas. Talvez sejamos tentados a pensar que este assunto não é muito importante, mas estamos errados, porque a maneira como nos vestimos causa diferença na maneira como nossos ouvintes respondem a nós. Portanto, este é um assunto de grande interesse.

No entanto, devemos ter cuidado para evitar o estabelecimento de normas rígidas e precipitadas nesta área. Não existem tais normas. Modas no vestir e estilos de roupa estão mudando constantemente. Reconhecendo isso, todo pregador precisa lembrar o seguinte princípio: *nada deve atrair a atenção das pessoas, tirando-a da mensagem e fixando-a no mensageiro; não devemos permitir que nada desonre ou envergonhe a mensagem.*

Como um homem que prega a Palavra na Inglaterra do século XXI, gostaria de recomendar essas dicas essenciais em minha situação:
- Cabelos limpos e penteados
- Nenhum adorno excessivo
- Corpo asseado, dentes limpos e bom hálito
- Vestir-se como um homem que tem algo importante a dizer. Em minha cultura, isso inclui terno e gravata. Essa é a maneira como nossos representantes se vestem no Parlamento. É também a maneira como se vestem os médicos e os empresários bem-sucedidos, bem como os dirigentes famosos de clubes esportivos.
- Sapatos limpos, calças bem passadas, bolsos sem excesso de volume, camisa limpa e gravata bem arrumada.

Com muita frequência, tenho me distraído da Palavra por causa das vestes do homem que a proclama. Não é agradável gastar muito tempo vendo uma enorme mancha de café abaixo do queixo do pregador, um esquiador sorridente em um pulôver vermelho ou dois personagens famosos de desenho animado impressos na camiseta do pregador! Mais do que uma vez, pessoas me disseram que não puderam levar à sério pastores convidados, porque, embora eles tivessem orado e apresentado as Escrituras, se vestiam com camisetas de futebol. Nem todos concordamos a respeito do que é ou não permissível. Mas todos precisamos concordar que esta é uma área em que precisamos meditar mais profundamente.

6) Seus movimentos e gestos

É importante recordar que a pregação tanto é *vista* como ouvida. Antes de aprendermos a subir no púlpito, nós, pregadores, devemos aprender a *ter postura*. Devemos nos portar como arautos, em posição firme, mas sem rigidez no corpo. Isto significa ter nosso peso distribuído uniformemente sobre ambas as pernas, durante toda a mensagem. Significa não ficar preso ao púlpito e aprender a ficar de pé com os braços para baixo, quando não estiverem em uso. A princípio, isto parece estranho, logo, porém, você se acostumará e, com certeza, isto fará com que respire melhor. Ou seja, *evitar* que as mãos estejam frequentemente nos bolsos, pois isso pode dar a impressão de negligência com o assunto. Procurar também o abandono permanente do ato de coçar-se, de irritar-se, de fazer gestos engraçados com os dedos, orelhas, cabelos ou óculos. Às vezes, apóie-se no púlpito para falar sobre um ponto agradável e pessoal; mas depois, volte à postura anterior.

O que fazemos com o nosso corpo, cabeça e mãos durante a conversa normal, em especial quando estamos de pé? Não os usamos normalmente para expressar nervosismo e sim para nos ajudar a fazer que os outros entendam melhor o que estamos dizendo e, se necessário, para descrever o assunto com mais exatidão. Devemos fazer a mesma coisa quando pregamos. Se lembrarmos que a pregação deve assemelhar-se a uma conversa em público, evitaremos muitos dos maiores erros.

Não devemos ter medo de sermos vistos, nem de nos locomovermos! Se pudermos fazer uma escolha do local, devemos escolher o lugar em que as pessoas possam nos ver da cabeça aos pés. Temos nos escondido atrás de cercas de madeira, por muito tempo, e isso não nos tem ajudado a comunicar a mensagem. Um homem que tem uma mensagem, fala com todo o corpo, e não apenas com a cabeça e os pés. Chegou a hora de sepultarmos com dignidade o púlpito tradicional e de usarmos estruturas das quais poderemos ser vistos com facilidade.

Se usarmos um púlpito ou uma plataforma, nossos gestos podem levar as pessoas a entender-nos ou a ignorar-nos. Quando usados corretamente, os gestos nos auxiliam a apresentar com mais vigor o nosso argumento. Nossos ouvintes são motivados a olhar para nós, a continuar olhando para nós e dar-nos toda a sua atenção. Percebem o que estamos querendo dizer e assimilam-no mais completamente. E, se algo nos acontece, podemos agir com mais naturalidade.

Quais as características de gestos proveitosos? Haddon W. Robinson nos diz que são:

1. *Espontâneos,* não planejados. Surgem naturalmente, por causa dos sentimentos que temos a respeito do que falamos.
2. *Específicos,* não insinceros, nem esquisitos. Colocamos o nosso corpo nos gestos.
3. *Variados,* porque qualquer gesto repetido logo se torna irritante e afasta a atenção do que está sendo pregado.
4. *No momento certo,* precedendo ou acompanhando o argumento que está sendo apresentado. Se os gestos vierem depois do argumento, parecerão ridículos.[4]

Na história da igreja, há muitos relatos sobre pregadores que praticavam seus gestos em frente de um espelho. Acho que esta não é uma boa ideia. Tenho certeza de que isso deixa o pregador muito consciente do que está fazendo e, assim, quebra a primeira regra de Robinson. No entanto, penso que é bom assistirmos, ocasionalmente, a um vídeo de nossa pregação, a fim de identificarmos que gestos são inúteis. Acho que não devemos fazer isso mais do que duas vezes por ano, para não ficarmos muito desanimados! Mas, se a tecnologia moderna pode nos ajudar, por que não aproveitarmos dos seus benefícios?

7) Seu tempo

Terminamos este capítulo considerando um aspecto da comunicação da mensagem sobre o qual muitos fazem piadas, mas que possui grande importância. É o tempo.

Temos de lembrar que não estamos vivendo na época de um grande avivamento. É encorajador ver o avanço constante do evangelho em todo o mundo, mas ninguém alegará que estamos experimentando algo semelhante ao Avivamento Evangélico do século XVIII. Naquele tempo, John Wesley, por exemplo, pregava frequentemente por duas horas; e Jonathan Edwards, por três horas! Não era incomum que os homens pregassem vários sermões consecutivos. As igrejas deles permaneciam interessadas no estudo da Palavra, e uma obra espiritual duradoura era realizada.

Cada pregador que Cristo tem enviado está ciente de que, por conta própria, não pode converter ninguém, nem fazer qualquer bem duradouro. Ele se mostra grato por tudo o que sabe a respeito da ajuda do Espírito Santo em expor a Palavra e anela que esse Espírito venha sobre ele de maneira singular. Cada pregador sabe que essa experiência será muito diferente de um fluxo de adrenalina ou de um senso de entusiasmo que todos os pregadores sentem de vez em quando. Ele sabe que poderia pregar durante horas ininterruptas. Mas também sabe que as regras normais devem ser aplicadas!

As regras normais são estas:

1. Certifique-se do tempo que lhe é colocado à disposição.
2. Comece na hora — não recompense aqueles que se atrasam persistentemente!
3. Termine na hora — as pessoas entendem que o culto durará certo tempo. Terminar na hora é uma questão de integridade. Também faz com que você seja respeitado e, consequentemente, isso aumenta a sua utilidade.
4. Não se aproprie do tempo destinado a outrem que poderia estar compartilhando do culto com você. Isto tem sido chamado corretamente de "o roubo proveniente do púlpito", visto que envolve tomar dos outros aquilo que nunca lhes será devolvido.

Sempre é melhor deixar a congregação anelando por outra mensagem do que deixá-la odiando-nos. Não vivemos em uma época que, de modo geral, as pessoas apreciem mensagens longas. Você não pode falar muito sobre a essência do sermão em dez minutos, e a maioria das pessoas acha que quarenta minutos de sermão é fatigante.

Contudo, algumas igrejas, por haverem sido pacientemente educadas, são mais capazes do que outras a ouvir por mais tempo. Isto é algo que precisamos ter em mente, quando decidirmos a quantidade de assunto que apresentaremos. Talvez uma boa regra é pregar durante trinta minutos ou um pouco mais, fazendo-os, todavia, parecer vinte minutos,[5] pois "a verdadeira maneira de encurtar um sermão é torná-lo mais interessante" (H. W. Beecher).

Quando terminarmos nosso sermão, devemos *parar*! É errado estender um sermão apenas para completar o tempo! Por que um pregador faria isso? Talvez ele não queira ser criticado por terminar muito rápido. Neste caso, seu motivo é totalmente egoísta e indigno de um crente e, muito mais, de um arauto da Palavra. Ou talvez ele não queira desapontar a congregação. Contudo, é provável que ele desapontará as pessoas mais por falar coisas desnecessárias do que por ser breve.

No entanto, muitos pregadores sofrem do problema oposto: acham difícil terminar na hora! Nada os curará, exceto uma boa dose de consideração pelos outros. Se o tempo estiver quase acabado, devem simplificar o restante e terminar na hora. Depois, devem ir para casa e arrepender-se da preparação inadequada. Os pregadores que se preparam adequadamente não excedem o tempo do sermão.

Alguns homens, conscientes de que não têm tempo suficiente para completar a mensagem, cometem o pecado da desonestidade pública. Dizem aos seus ouvintes que logo terminarão e continuam pregando por um bom tempo. Se você é um desses pregadores, alguém precisa dirigir-lhe esta pergunta ousada: "Por que deveríamos guardar no coração a sua mensagem, se nossos ouvidos testemunharam que você é um *mentiroso*?"

Quão importante é a pregação eficiente! Não é uma habilidade que aprendemos em um dia. Se estivermos nos desenvolvendo como pregadores, seremos cada vez mais conscientes de quanto progresso ainda temos de fazer nesta área. Continuaremos a ler obras sobre pregação, ouvir palestras e participar de conferências; também procuraremos toda ajuda que pudermos obter. Ficaremos atentos à pregação de outros, observando se há quaisquer dicas que possamos assimilar. Não teremos vergonha de pedir aos amigos e colegas que comentem a nossa pregação.

No entanto, existe algo que é mais importante do que tudo isso: a capacidade de nos despojarmos de nós mesmos, para que vejamos e ouçamos a nossa própria pregação. Temos de aprender a nos colocar no lugar daqueles que nos ouvem e fazer uma avaliação objetiva de nossa própria mensagem. Enquanto vivermos, precisaremos fazer isso *toda vez que pregarmos!*

Exercício

1. Avalie a sua própria pregação e elabore um plano para melhorá-la.
2. Em sua opinião, quais os dez pecados mais graves cometidos por aqueles cuja pregação é ineficiente? Escreva em detalhes a sua resposta.
3. Em que sentido toda pregação é um *drama,* e como isto afeta a maneira de apresentarmos a pregação? Discuta isto com outros pregadores.

Notas:

1 Minha atenção foi atraída, primeira vez, a estes sete pontos ao ler *Preaching the Word* (Pregando a Palavra), escrito por Alfred P. Gibbs (Oak Park, Illinois, Emmaus, 1958). O que apresento em seguida se baseia no esboço de Alfred P. Gibbs, embora complementado e consideravelmente modificado. Mas quero registrar como sou grato por aquele livro e o quanto me ajudou em todas as minhas deficientes tentativas iniciais de pregar.
2 BROOKS, Phillips. *Lectures on preaching:* the 1877 Yale lectures. Grand Rapids: Baker, 1969. p. 5, 28.
3 ROBINSON, Haddon W. *Expository preaching:* principles and practice. Leicester: InterVarsity Press, 1986. p. 207. Já existe uma edição nova e atualizada deste livro excelente.
4 Idem. p. 200-201.
5 Este pequeno conselho se baseia em STOTT, John R. W. *I believe in preaching.* London: Hodder & Stoughton, 1982. p. 294.

7
Autoridade Sobrenatural

Em 1973, fiz minha primeira visita aos Estados Unidos. Durante essa visita, gastei vários dias com o pastor A. N. Martin, da Igreja Batista Trinity, em Montville, Estado de New Jersey. Um dos membros de sua igreja me deu um panfleto que apresentava detalhes sobre as pregações gravadas do pastor Martin, e havia ali um comentário que mudou minha vida para sempre. O panfleto dizia que os sermões do pastor Martin eram caracterizados por "exatidão exegética, conteúdo doutrinário, estrutura clara, ilustrações vívidas, aplicação penetrante e urgência espiritual. Finalmente, eu tinha uma lista de avaliação dos ingredientes que constituíam uma pregação excelente!

Como você pode observar, embora eu tenha acrescentado um capítulo sobre "Pregação Eficiente", usei livremente essa lista de avaliação, enquanto escrevia este livro. Então, você poderia esperar que este capítulo final se intitularia "Urgência Espiritual". Mas este não é o caso, e eis a explicação.

Em um capítulo, eu disse que retornaria ao assunto da paixão, emoção. Agora chegou o momento para isso. Muito mais precisa ser dito a respeito da necessidade de envolvimento emocional, enquanto pregamos. Escrevo este livro na Inglaterra, no início do século XXI. Vivo em um tempo em que muito tem sido dito e escrito a respeito da pregação; e inúmeros cursos estão sendo organizados para ajudar os crentes a pregarem melhor. Mas não posso ocultar minha convicção pessoal de que muito do que está acontecendo provavelmente arruinará a verdadeira pregação, em vez de restaurá-la.

A impressão que está sendo transmitida amplamente é a de que o pregador está fazendo bem, se oferece uma explicação clara do texto bíblico e o aplica às pessoas que o ouvem. Se o pregador tornou relevante e clara a sua exposição bíblica, cumpriu plenamente a sua responsabilidade. Ele não precisa fazer mais nada. A Palavra de Deus fará agora a sua obra singular.

Se esta ideia ganhar terreno e predominar, logo assistiremos ao funeral da verdadeira pregação. Seu corpo permanecerá (embora logo venha a apodrecer), mas sua alma terá partido. Essa alma é constituída de dois elementos unidos de tal modo que é impossível separá-los. "Urgência Espiritual" é um desses elementos e se refere ao fato de que, ao transmitir a Palavra de Deus, o pregador transmite a sua própria alma — a mensagem está revestida de paixão, seriedade, interesse, preocupação, emoção, os quais estão ocultos nos recessos da alma do pregador. O outro elemento é "Autoridade Sobrenatural". Somente Deus pode revelar a Si mesmo, e, se o Espírito Santo não tomar a mensagem e levá-la aos recessos íntimos dos ouvintes — os recessos que nenhuma voz humana pode alcançar — a mensagem bíblica, ainda que seja bem apresentada, não poderá fazer coisa alguma.

Se o que estou dizendo lhe parece estranho, gostaria de pedir-lhe que pensasse sobre um bloco de apartamentos que está sendo destruído por um incêndio. Ainda há um pouco de tempo, então você corre para dentro do prédio, para avisar às pessoas que moram lá. O que você lhes conta é a verdade: o edifício está realmente pegando fogo (exatidão exegética). Você lhes diz que, se não saírem imediatamente, perecerão nas chamas (conteúdo doutrinário). Você se expressa com clareza (estrutura clara, ilustrações vívidas). Olha em seus olhos e fala com elas de modo pessoal (aplicação penetrante e pregação eficiente). Mas, o que acontecerá, se você fizer tudo isso sem expressar urgência em seu tom de voz ou em sua maneira de falar? O que acontecerá, se contar-lhes tudo de um modo "indiferente"? Você não lhes parecerá como um brincalhão? E que sucesso obterá com seus avisos?

Onde não há emoção, ali não há persuasão. Isto é verdadeiro no que se refere a este mundo e muito mais verdadeiro na dimensão espiritual. A pregação sem sentimentos não é pregação de maneira alguma. E não somente isso, é também um insulto a Deus, como Richard Baxter enfatizava tão frequentemente:

O quê? Falar com frieza como porta-voz de Deus, buscando a salvação dos homens? Podemos crer que os ouvintes serão convertidos ou condenados e, apesar disso, falar com um tom de sonolência? Em nome de Deus, irmãos, esforcem-se para despertar seu próprio coração, antes de subirem ao púlpito, a fim de que sejam capazes de despertar o coração dos pecadores. Lembrem-se: eles têm de ser despertados ou condenados, e um pregador sonolento não acordará pecadores que dormem. Embora você faça, com palavras, os mais elevados louvores às coisas santas de Deus, você parecerá alguém que, por sua maneira de falar, está contradizendo o que acabou de afirmar sobre o assunto. Falar sobre as coisas sublimes (especialmente, as mais sublimes) sem muita afeição ou fervor é um tipo de menosprezo dessas coisas. A maneira de falar, bem como as próprias palavras, tem de mostrar com clareza as coisas sublimes.[1]

Nossa necessidade do Espírito

A paixão, ou emoção, por si mesma, não pode realizar uma obra espiritual. Isto é verdade até quando falamos sobre a emoção que transborda do coração de um crente piedoso. Embora seja uma emoção santificada, ela ainda tem um sabor humano e, por isso, não pode realizar a obra divina. Somente o Espírito de Deus pode realizar uma transformação espiritual. Sem o toque do Espírito, a melhor pregação do mundo é nada. A mensagem bíblica, por si mesma, ainda que seja corretamente exposta, nada pode fazer por alguém. A verdade bíblica tem de ser incutida no coração humano por meio do seu Autor divino. Tem de acontecer algo divino, para que o pregador fale com autoridade sobrenatural. Se isso não acontecer, os ouvintes sempre receberão a Palavra de Deus como se fosse palavra de homens (ver 1 Tessalonicenses 1.5, 2.13).

Então, como posso falar com urgência espiritual? Podemos aprender a falar com autoridade espiritual? Estas são as perguntas que agora temos de considerar.

Urgência Espiritual

Urgência Espiritual é o fruto de uma convicção simples. Quando esta convicção se apossa de um homem e o domina, ele não falhará nesta área. Qual é essa convicção? É a convicção de que *eu tenho a verdade que homens e mulheres precisam ouvir*.

Você crê nisso? Crê nisso verdadeira e profundamente? Crê nisso não somente quando você prega evangelisticamente, mas também quando prega aquelas mensagens chamadas de "mensagens doutrinárias"? Se você crê, falará muito bem, pois a convicção é a mãe da verdadeira eloquência.

Os pregadores descritos na Bíblia falavam com urgência espiritual. Eles se levantavam e entregavam sua mensagem, reconhecendo que possuíam *a verdade* que as pessoas de todos os lugares tinham de levar em conta. Paulo e Timóteo ecoaram as palavras do salmista, quando disseram: "Tendo, porém, o mesmo espírito da fé, como está escrito: *Eu cri; por isso, é que falei*. Também nós cremos; por isso, também falamos" (2 Co 4.13). Pedro e João, revelando o coração de todos os apóstolos, disseram anos antes: "Não podemos deixar de falar das coisas que vimos e ouvimos" (At 4.20). Eles falavam com sentimentos! A pregação deles era constrangedora! Conforme aprendi quando estava no seminário teológico: "Aquele que só sabe falar, falará a pessoas que só sabem ouvir".

A partir do momento que formos convencidos de que temos a verdade que todos precisam ouvir, falaremos como homens fervorosos. Nossa mensagem será persuasiva, conforme o dizia Hywel Griffiths: "Somente o que vem do coração pode alcançar ao coração". O tom de voz, a expressão no rosto e todo o nosso ser se combinarão para cativar a atenção do ouvinte. A consciência dos ouvintes lhes dirá que estão ouvindo a um homem que crê nas coisas que diz.

Pessoas de todos os lugares estão no perigo do fogo eterno. O impenitente irá para o inferno, bem como todos aqueles que confessam serem cristãos mas não perseveram na fé. Nada, exceto a verdade, poderá livrá-los. Nada, exceto a verdade, os fará crescer na graça e conhecimento de nosso Senhor Jesus Cristo. E você tem esta verdade! Se essa convicção transbordar em seu coração, você nunca deixará de despertar homens, mulheres, adolescentes e crianças que o ouvem, apesar de todas as imperfeições no conteúdo e apresentação de sua mensagem. Sua urgência se manifestará. Os pregadores expressam esta urgência de maneiras diferentes, e um único pregador a expressará de maneiras variadas em ocasiões diferentes. Mas a sua urgência se manifestará. O espírito humano detecta a presença dessa urgência, e os ouvidos de nosso espírito começam a atentar à mensagem. Mas, precisamos observar, o espírito humano também detecta a ausência desta urgência e, neste caso, mergulha num sono de indiferença.

George Whitefield, o grande evangelista do século XVIII, conhecia essa urgência espiritual. Quando as congregações educadas começavam a fazer barulho e a sussurrar, ele batia o pé e lhes falava diretamente, insistindo para que o ouvissem. Quando multidões hostis recorriam a todas as táticas imagináveis para abafá-lo, ele erguia a voz, a fim de sobrepujá-los. Whitefield tinha a verdade que eles precisavam ouvir para serem salvos! Não ficaria calado! De um modo ou de outro, ele introduziria sua mensagem nos ouvidos das multidões! Sim, Whitefield lhes falava em palavras claras, usando figuras que eles poderiam entender. Fazia aplicações adequadas aos seus ouvintes. Mas, por trás de tudo o que dizia, estava a intensa paixão que o impelia a continuar e, com a bênção do Espírito, levava à conversão de milhares e milhares de pessoas.

Emoção

Por que temos medo de emoções? Enquanto forem direcionadas pela verdade, e *somente* pela verdade, como podem ser perigosas? Talvez, o problema esteja em nós? Temermos ser chamados de loucos? (ver 2 Coríntios 5.13)? Estamos resistindo ao espírito de nosso Senhor, expresso no zelo do salmista: "O zelo da tua casa me consumiu" (Sl 69.9; cf. Jo 2.17)? Estamos nos distanciando do apóstolo Paulo, cujo "espírito se revoltava em face da idolatria dominante na cidade" (At 17.16)? Temos nos tornado tão hipócritas, que honramos homens como Daniel Rowland, mas esquecemos, convenientemente, de que ele sempre pregava como alguém que estava "em fogo"?

Conta-se que um famoso pregador londrino do século XX sempre deixava todos os seus ouvintes consolados, aliviados e em paz. Esta era a razão por que as pessoas o amavam tanto. A Palavra de Deus nos chama a rejeitar esse tipo de pregação. Ela nos exorta a abandonar discursos suaves, que tranquilizam as pessoas com um falso senso de segurança ou iludem-nas com um profundo senso de satisfação pessoal. A Bíblia nos chama a pregar com convicção, fervor, energia e seriedade. Ela despreza toda pompa, exibição e falsa emoção, instruindo-nos a proclamar a verdade de Deus com sentimentos profundos, compaixão, ardor, vida e amor. Somos chamados a derrubar e edificar, ferir e curar, entristecer e consolar, chorar, anelar, apelar e exortar. Não basta pregar a mensagem correta; precisamos *estar na* mensagem, investindo todo o nosso ser em sua proclamação.

Muitos sermões hoje em dia são tão monótonos quanto o retinir de um sino de funeral. O conteúdo é satisfatório, mas o coração do pregador não pode ser visto no sermão. Não há o risco de que tais pregadores sejam acusados de possuírem fogo estranho ou de fanatismo, pois não existe qualquer evidência de que alguma chama esteja ardendo em seu íntimo. Onde estão o zelo e os apelos cheios de paixão dos pregadores bíblicos? Onde estão as lágrimas dos apóstolos e profetas? Quantos pregadores modernos podem dizer honestamente: "Não cessei de admoestar, com lágrimas, a cada um" (At 20.31)?

Procuremos ouvir um pregador evangélico característico do século XXI. O que parece motivá-lo é o desejo de manter seus ouvintes interessados, e não o desejo de ver o Deus vivo sendo glorificado na conversão e no crescimento espiritual deles. Durante mais ou menos trinta minutos, ele tece uma mensagem bíblica que é bastante agradável aos ouvidos. Mas ela não pode, de maneira alguma, ser descrita como o acontecimento mais inesquecível da semana. Não mexe com ninguém, nem emociona seus ouvintes. Tudo o que podemos dizer sobre o sermão é que estava correto. Nenhuma consciência foi atormentada, ninguém quis clamar com gozo intenso. Muitos dos programas de televisão da semana foram infinitamente mais recordáveis do que esta explanação da verdade de Deus!

Que desgraça! Nós, que pregamos, temos de buscar a Deus, confessando-Lhe nossa extrema perversidade. Pensamentos sublimes não envolvem a nossa mente por completo. Muitas vezes, pregamos a verdade de Deus com frieza e mediocridade. Vemos as pessoas perdidas, e as deixamos sem apelo à conversão, e não nos dedicamos à persuasão incessante. O nosso coração não tem estado em tudo o que fazemos. Comunicamos a mensagem sem seriedade e, às vezes, com leviandade. Nosso coração está endurecido. Temos de admitir que o antigo pregador estava correto, ao dizer: "Visto que há tanta insensibilidade no púlpito, há muito mais nos bancos da igreja". Agradeça a Deus por que em Cristo há perdão para homens como nós!

Autoridade sobrenatural

A autoridade sobrenatural é experimentada por pregadores dominados por uma convicção singular. Quando essa convicção se apossa de um homem e governa todo o seu ministério, ele não deixa de conhecer esta bênção gloriosa. Qual é essa convicção? É a convicção de que *a mensagem que eu prego não pode fazer nenhum bem a qualquer pessoa, se não estiver acompanhada do Espírito de Deus.*

Nenhuma mensagem pode fazer alguma coisa, se Deus não a abençoar. Podemos plantar a semente, podemos regá-la, mas somente Deus pode dar-lhe vida (1 Co 3.6). Se pregarmos com fidelidade e não vermos conversões, qual é a explicação para isso? Se expusermos a Palavra e não presenciarmos a transformação nos crentes por nossa mensagem, como poderemos justificar isso? A resposta é sempre que Deus tem retido o seu poder. Deus não fez o que somente Ele pode fazer.

Nenhuma obra espiritual pode ser realizada onde o Espírito de Deus não estiver agindo. A pregação sempre falhará, se Deus mesmo não agir por meio dela. Isaías entendeu isso: "Quem creu em nossa pregação? E a quem foi revelado o braço do SENHOR?" (Is 53.1) As duas perguntas são, na realidade, apenas uma, e a segunda contém a resposta da primeira — se alguém realmente creu, isso aconteceu porque o braço do Senhor lhe foi revelado; mas, se alguém *não* creu, isso ocorreu porque o braço do Senhor *não* lhe foi revelado. Ninguém pode crer, se Deus não visitar o coração com grande poder. Nem mesmo a realização de milagres pode fazer com que pessoas creiam (ver João 12.37-38). Algo tem de ser realizado no *íntimo* das pessoas, e somente Deus pode fazer isso.

Nosso Senhor ensinou esta lição de modo bastante claro. Foi uma lição que muitos dos seus discípulos se recusaram a aceitar e, a partir do momento que a ouviram, voltaram para trás e deixaram de segui-Lo (Jo 6.66). Aqueles que aceitaram a lição continuaram com Ele. Haviam aprendido o segredo mais fundamental do ministério cristão. As palavras exatas de nosso Senhor foram estas: "Ninguém pode vir a mim se o Pai, que me enviou, não o trouxer... ninguém poderá vir a mim, se, pelo Pai, não lhe for concedido" (Jo 6.44, 65). Se Deus mesmo não agir, nada poderemos fazer para trazer uma única pessoa a Cristo. Precisamos *ter* a sua bênção quando pregamos.

Richard Cecil aprendeu esta lição bem cedo em seu ministério e se tornou um dos mais poderosos pregadores do Avivamento Evangélico, do século XVIII, na Inglaterra. Eis o seu testemunho:

> *Certa vez, disse a mim mesmo, na tolice do coração: "Que sermão foi aquele que o apóstolo Pedro pregou, quando três mil pessoas se converteram de uma vez!" Que tipo de sermão? Um sermão como qualquer outro. Não tinha nada extraordinário. O efeito não foi produzido pela eloquência de Pedro, e sim pelo grande poder de Deus que acompanhou sua Palavra. É inútil ouvir um pastor após outro, ouvir um sermão após outro, se não rogarmos que o Espírito Santo acompanhe sua Palavra.*[2]

Deus usa homens para levar avante sua causa, mas todo avanço deve ser atribuído a Ele. Como foi que aquelas primeiras testemunhas obtiveram sucesso em Antioquia da Síria? "A mão do Senhor estava com eles, e muitos, crendo, se converteram ao Senhor" (At 11.21). Por que Lídia foi a única convertida naquela reunião de oração à beira do rio, em Filipos? "O Senhor lhe abriu o coração para atender às coisas que Paulo dizia" (At 16.14). Como podemos explicar a conversão imediata de dezenas de gentios e judeus em Tessalônica?

> *O nosso evangelho não chegou até vós tão-somente em palavra, mas, sobretudo, em poder, no Espírito Santo e em plena convicção... Outra razão ainda temos nós para, incessantemente, dar graças a Deus: é*

que, tendo vós recebido a palavra que de nós ouvistes, que é de Deus, acolhestes não como palavra de homens, e sim como, em verdade é, a palavra de Deus, a qual, com efeito, está operando eficazmente em vós, os que credes" (1 Ts 1.5, 2.13).

Com Deus, todas as coisas são possíveis. Sem Ele, nada é possível. Dois mil anos de história da igreja revelam que não basta ser um pregador cheio de talentos ou perfeitamente técnico, embora os dons e o trabalho árduo não devam ser rejeitados. Muitos homens de dons modestos são usados por Deus para transformar comunidades inteiras e, às vezes, nações. Em certas ocasiões, uma simples sentença conquista os inimigos do evangelho, quando todos os argumentos falham. Às vezes, a Palavra vem com poder; às vezes, não. Portanto, ao pregar, não devemos depender da qualidade de nossa pregação ou apresentação, embora estas coisas sejam importantes. Temos de confiar somente em Deus e jamais adotar qualquer abordagem que diminua nossa dependência dEle.

Paulo nos dá a abordagem correta, quando descreve o seu ministério em Corinto:

Eu, irmãos, quando fui ter convosco, anunciando-vos o testemunho de Deus, não o fiz com ostentação de linguagem ou de sabedoria. Porque decidi nada saber entre vós, senão a Jesus Cristo e este crucificado. E foi em fraqueza, temor e grande tremor que eu estive entre vós. A minha palavra e a minha pregação não consistiram em linguagem persuasiva de sabedoria, mas em demonstração do Espírito e de poder, para que a vossa fé não se apoiasse em sabedoria humana, e sim no poder de Deus (1 Co 2.1-5).

Unção

Em 1961, deparei-me com um livro que, desde então, tenho lido uma vez por ano. O livro chama-se *Power Through Prayer* (Poder Através da Oração), escrito por E. M. Bounds.[3] Juntamente com a Bíblia e o Breve Catecismo de Westminster, posso dizer que este livro me influenciou mais do que qualquer outro que já li. Enquanto o lia, cheguei ao capítulo intitulado "Under the Dew of Heaven" (Sob o Orvalho do Céu). Ali, achei coisas que me assustaram. Estavam além da minha experiência. Eu não podia entender sobre o que o autor falava. Eis alguns exemplos:

Unção é algo indescritível e indefinível que um antigo e famoso pregador escocês delineou assim: "Às vezes, existe na pregação algo que não pode ser descrito; não se pode dizer o que é, nem de onde procede. Mas isso penetra o coração e as afeições, com suave violência; e vem diretamente do Senhor. Entretanto, se existe uma maneira de obter isso, tem de ser por meio da disposição espiritual do pregador..."
Esta unção divina é a característica que separa e distingue a verdadeira pregação evangélica de todos os outros métodos de apresentar a verdade, e que cria um abismo espiritual entre o pregador que a possui e aquele que não a possui. Esta unção suporta e impregna a verdade revelada com toda a energia de Deus. Unção é simplesmente o colocar-se Deus em sua própria Palavra e em seu pregador... Amplitude, liberdade, plenitude de pensamento, objetividade e simplicidade de discurso são os frutos desta unção...

Esta unção é a capacitação divina pela qual o pregador cumpre os objetivos peculiares e salvíficos da pregação. Sem esta unção, não há resultados espirituais. Sem esta unção, os resultados e a força da pregação são equivalentes aos do discurso não-santificado. Sem unção, o pregador é tão poderoso quanto o púlpito.

A presença desta unção no pregador cria o estímulo e o fervor em muitos crentes. Um pregador ensina as mesmas verdades na exatidão da letra, mas nenhuma movimentação pode ser vista; nenhuma dor, nenhuma pulsação pode ser sentida. Tudo permanece quieto como um cemitério. Outro pregador vem à igreja, e esta influência misteriosa está nele: a letra da Palavra é inflamada pelo Espírito, e os espasmos de um movimento poderoso são sentidos. É a unção que invade e estimula a consciência, quebrantando o coração. Tudo se torna árido, insensível, desagradável e sem vida, quando a pregação não possui esta unção.

Unção! Até hoje não estou convencido de que esta palavra é o termo correto para descrever aquilo sobre o que falou o Dr. Bounds. Mas, sobre o que ele falou? — essa foi a minha pergunta. Naquela época da vida, eu não tinha qualquer experiência deste fenômeno, quer em minha própria vida, quer na vida de outros. Não podia imaginar o que o autor tinha em mente.

Na primavera do ano seguinte, senti que as coisas logo mudariam. Naquele tempo, eu era um estudante, e minha mãe telefonou-me, perguntando se eu poderia ir para casa. Havia um homem que ela desejava que eu conhecesse. Ele tinha aproximadamente sessenta anos. Antes ele trabalhara nas minas de carvão, porém já fazia mais de vinte e cinco anos que era pastor. Estava pregando em uma semana de reuniões em nossa cidade; e havia algo sobre ele que mamãe não podia expressar em palavras. Eu entenderia isso, se o ouvisse pessoalmente. Ela só podia dizer que ouvi-lo era maravilhoso.

Não me foi possível ir para casa e tive de esperar um ano, até que pude ouvir a pregação de Hywell Griffiths. Quando me sentei no auditório da igreja Cosheston Mission, entendi finalmente o que era "unção". Os sermões do pregador eram extensos, repletos de ilustrações e transmitidos com amor e profunda emoção. Mas havia algo mais. Eram acompanhados por uma influência indescritível. À medida que Hywell Griffiths pregava, o céu vinha à terra. O mundo invisível era mais real do que o visível. Havia um toque de glória. Cristo era mais precioso do que qualquer pessoa ou coisa do universo. A Palavra vinha com um poder autoconfirmador irresistível. Crer era a única opção, porque o contrário era indescritivelmente insensato. A única coisa sábia a fazer era confiar totalmente no Senhor, amá-Lo de todo o coração, alma, mente e força.

Estas impressões não eram apenas minhas. Após cada sermão, a congregação se assentava em profundo silêncio, dominada pelo absoluto poder da Palavra. Às vezes, o silêncio era seguido por oração espontânea. Alguns se convertiam a Cristo. Muitos outros, como eu, que já eram crentes, eram mudados para sempre. Haviam experimentado uma pequena prova do que acontece nos avivamentos, e todos agora sabíamos o que era a "unção". Eu nunca mais teria qualquer dificuldade para entender aquilo sobre o que escrevera E. M. Bounds!

A unção, a unção divina, esta unção celestial é aquilo de que o púlpito necessita e precisa ter. Este óleo divino e celestial derramado sobre o púlpito pela imposição das mãos de Deus tem de amolecer e lubrificar todo o homem — coração, mente e espírito — até que o separe, com uma poderosa separação, de todos os motivos terrenos, seculares, egoístas e mundanos, santificando-o para tudo o que é puro e divino.

Obtendo a unção

Então, como podemos obter a unção? Alegro-me em dizer-lhe que agora sei a resposta, não somente com base no que tenho lido, mas também por experiência própria. Não podemos dar ordens ao Espírito de Deus. O vento celestial sopra onde quer (Jo 3.8). Não sabemos onde Ele já soprou e onde soprará. Não temos qualquer controle sobre este vento celestial. Deus é Deus e faz o que Lhe agrada (Sl 115.3, 135.6). Ele nunca se obrigará a fazer a vontade de um homem.

Mas, apesar disso, Deus responde a oração. Ele realmente o faz! E o faz porque prometeu fazê-lo. Aos pecadores salvos Ele faz a promessa: "E tudo quanto pedirdes em oração, crendo, recebereis" (Mt 21.22). Deus coloca nas mãos de pecadores salvos argumentos poderosos que podem usar em oração: "Ora, se vós, que sois maus, sabeis dar boas dádivas aos vossos filhos, quanto mais vosso Pai, que está nos céus, dará boas coisas aos que lhe pedirem?" (Mt 7.11.) Aos pecadores salvos o Filho de Deus faz este extraordinário convite: "E tudo quanto pedirdes em meu nome, isso farei, a fim de que o Pai seja glorificado no Filho. Se me pedirdes alguma coisa em meu nome, eu o farei" (Jo 14.13-14). E estas três passagens são apenas exemplos. Todos sabemos que há dezenas de promessas semelhantes espalhadas por toda a Bíblia.

Todo crente e, consequentemente, todo pregador têm o dever de remover de sua vida tudo que entristece o Espírito Santo (Ef 4.30). O chamado dos pregadores cristãos consiste em proclamar a Cristo, sabendo que o Espírito Santo ama glorificar a Cristo e abençoar a pregação (Jo 16.14).

Mas o melhor resumo das prioridades do pregador é aquele formulado pelos apóstolos na infância da igreja cristã: "Quanto a nós, nos consagraremos à oração e ao ministério da palavra" (At 6.4). E tem de ser nessa ordem!

Existe uma coisa chamada conquistar a Deus. É possível trabalharmos e nos apropriarmos dEle em oração, de tal modo que recebemos dEle a segurança pessoal que nos acompanhará sobrenaturalmente quando pregarmos. É possível lutar, labutar e suar em oração de tal modo que deixamos o lugar de oração em paz e exaustos, certos de que o Senhor mesmo abençoará a próxima mensagem e nos acompanhará, de um modo maravilhoso, quando a estivermos pregando. Isto não significa que é possível *obtermos como recompensa* a bênção de Deus. Não significa que haja alguma obra que Lhe podemos oferecer e pela qual Ele está obrigado a recompensar-nos. Significa apenas que, em sua graça, Ele se permite ser conquistado por oração importuna.

Você crê nisso? Crê que um homem pode dizer ao seu Deus: "Não te deixarei ir se me não abençoares" (Gn 32.26)? Você crê que podemos dizer sobre esse homem: "E o abençoou ali" (Gn 32.29)? Se não, como você entenderá o ministério de homens como João Crisóstomo, Martinho Lutero, John Wesley, Jonathan Edwards, Daniel Rowland, John Elias, C. H. Spurgeon, Hywel Griffiths, D. Martin Lloyd-Jones? Estes homens eram bem diferentes uns dos outros e pregavam em situações diferentes; então, o que tinham em comum? Eles dependiam de Deus, e dependiam completamente. Por isso, se dedicavam a buscá-Lo, a encontrá-Lo, a conquistá-Lo e a experimentar a sua bênção. Eles não eram primeiramente pregadores; antes, eram homens de oração. E, nas ocasiões em que oravam e Deus não lhes concedia a sua bênção, contentavam-se em sussurrar: "Sim, ó Pai, porque assim foi do teu agrado" (Mt 11.26).

E. M. Bounds entendeu:

Como e quando vem esta unção? Diretamente de Deus, em resposta à oração. Corações que oram são os únicos corações cheios deste óleo sagrado; lábios que oram são os únicos ungidos com esta unção divina. Oração, muita oração, é o preço da unção na pregação. Oração, muita oração, é a única condição de manter esta unção. Sem oração incessan-

te, a unção nunca vem ao pregador. Sem perseverança em oração, a unção produz vermes, como o fez o maná colhido em excesso.

* * *

A principal parte deste livro modesto chegou ao final. Tentei mostrar-lhe o que é a pregação e quais os seus ingredientes essenciais. Quero agradecer-lhe por ter lido até este ponto. Desejo encorajá-lo a ler o restante.

Creio que tudo o que eu disse é importante. Se algum de seus capítulos fosse retirado, acho que o livro seria defeituoso e não teria equilíbrio. Mas, se vocês me pressionassem a dizer quais capítulos considero particularmente importantes nesta hora, teria de indicar os capítulos sobre *Exatidão Exegética* e *Autoridade Sobrenatural*. Isto é verdade por causa de minhas convicções a respeito de nossa necessidade tanto da Palavra como do Espírito.

Tenho sessenta e dois anos de idade; espero que o Senhor ainda me dará mais alguns anos de ministério. Aconteça o que acontecer, tenho certeza de que estou mais próximo do fim de minha vida, e não do seu começo. Minha súplica especial é que todos os jovens pastores obtenham ajuda especial deste livro e se dediquem ao que ele ensina, pelo menos enquanto estiver em harmonia com as Escrituras. E que o ministério deles seja uma bênção em qualquer parte do mundo!

Meus talentos, dons e graças, ó Senhor,
Possam tuas benditas mãos receber;
Deixa-me viver a pregar a tua Palavra,
E para tua glória seja o meu viver!
E que eu gaste cada momento de meus labores
Em proclamar o Amigo dos pecadores.

Charles Wesley, 1707-1788

Exercício

1. Você sente tão profundamente o que está pregando, que fala em excesso. Felizmente, a sua esposa lhe adverte sobre isso. O que você fará?
2. Explique a um jovem crente interessado o que os evangélicos têm pretendido dizer, em toda a sua história, ao usarem o termo "unção".
3. Explore a conexão entre a oração e a "unção".

Notas:

1 BAXTER, Richard. *The reformed pastor* (em português, *O pastor aprovado*, Editora PES). Edinburgh: The Banner of Truth Trust, 1974. p. 148.
2 Citado por BRIDGES, Charles. *The christian ministry*. London: The Banner of Truth Trust, 1958. p. 79.
3 BOUNDS, E. M. *Power through prayer*. World-wide Circulation Edition. London: Marshall Morgan & Scott. Todas as citações foram retiradas do Capítulo 10, p. 43, ss.

Parte 3

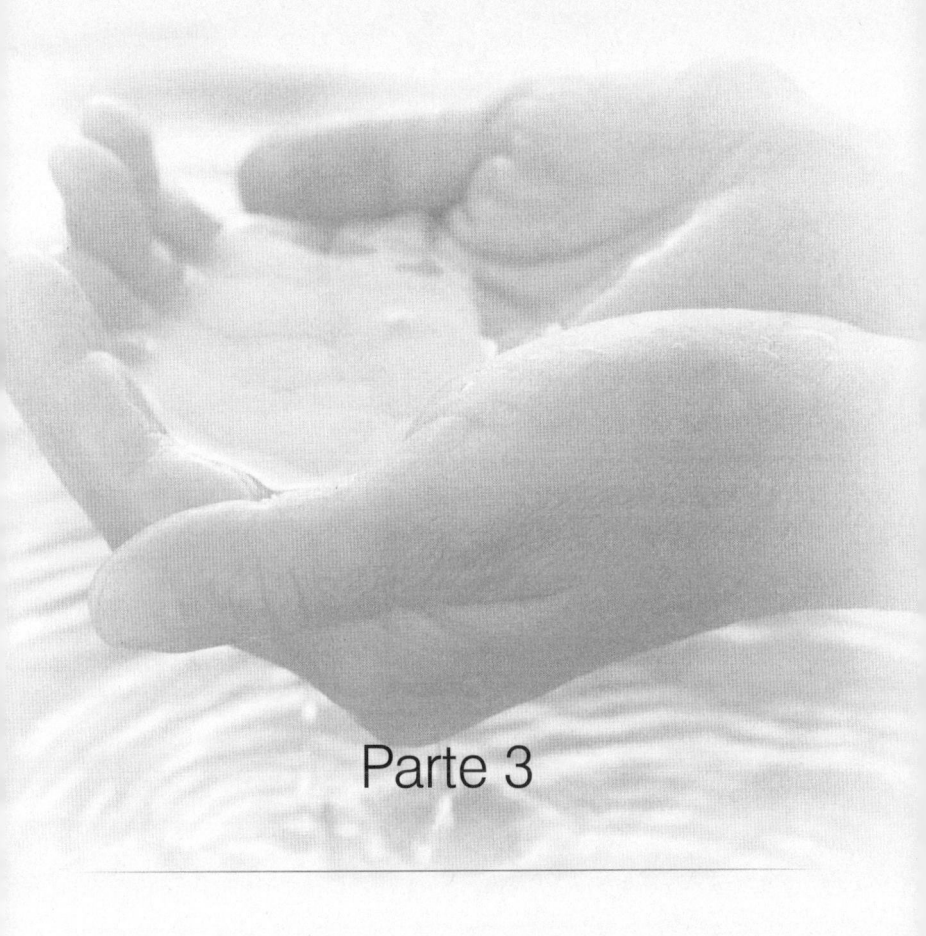

Sugestão de um Método de Preparação de Sermões

Sugestão de um Método de Preparação de Sermões

Sermões precisam de preparo. "Ir frequentemente despreparado ao púlpito é uma presunção imperdoável", disse C. H. Spurgeon.[1] John Stott nos recorda outro ponto: "Os grandes pregadores que influenciaram a sua geração todos deram testemunho da necessidade de preparo consciente".[2]

A pregação é o meio que Deus usa para vivificar os mortos e edificar os vivos. Se cremos nisso, não ousaremos nos aproximar da pregação de qualquer outra maneira, exceto com um espírito de oração, seriedade e estudo. Nosso *dom* de pregação vem de Deus; o *desenvolvimento* desse dom é nossa responsabilidade.

O advogado prepara cuidadosamente o seu relato dos fatos. O arquiteto traça seus planos; o médico estuda tanto as suas anotações como o paciente. Devo eu, um pregador do evangelho, realizar com desmazelo *a obra mais importante do mundo?*

Apesar do excelente exemplo dado em Eclesiastes 12.9-12, não há regras rígidas e imediatas para a preparação de sermões. O que apresento em seguida é um método pessoal que gostaria de recomendar-lhes, especialmente se vocês começaram a pregar recentemente. Esse método envolve todos os pontos essenciais, unindo o preparo do sermão à oração. A intenção não é que o método seja uma regra, e sim um guia. É provável que você desejará modificá-lo, ou rejeitá-lo, em certos pontos. Contudo, estou certo de que alguns o acharão proveitoso.

Algumas sugestões para uma pregação eficaz

- Comece seu preparo tão cedo quanto possível. O preparo apressado é um péssimo preparo.
- Continuar adiando o preparo é um convite ao fracasso. Deus não opera milagres desnecessários, a fim de compensar a negligência do pregador.
- A coisa essencial é começar — não *pense* em começar — *comece*-o!
- Sente-se diante de uma mesa grande, em uma cadeira firme, onde haja bastante luz. Pegue a sua Bíblia, uma caneta e bastante papel.
- Siga este guia, passo a passo, nunca entrando no passo seguinte antes de terminar completamente o anterior.

1. Medite sobre a sua tarefa

- Pare
- Fique em silêncio absoluto na presença do Senhor.
- Recorde qual é a sua tarefa. Você deve glorificar a Deus, por levar incrédulos a se tornarem crentes e crentes fracos a se tornarem fortes.
- É verdade que isto é feito por meio da exposição e da aplicação da Palavra de Deus. Portanto, você não é primariamente um *preparador de sermões*, e sim um instrumento de *fazer santos*.
- É essencial que, durante todo o seu preparo, você tenha isto sempre diante de si.

2. Medite no seu texto

- A palavra "texto" significa aquela parte das Escrituras sobre a qual você pregará. Talvez seja um versículo ou vários, um parágrafo, um capítulo, um livro, um tema bíblico...
- A maneira como você escolhe o seu texto é algo que não abordamos neste livro, mas você achará, facilmente, conselhos a respeito deste assunto em outros livros sobre pregação.

- **De joelhos (literalmente!).** Leia agora o seu texto.
- Leia sentença por sentença, palavra por palavra, usando cada parte como combustível para a oração.
- Sim, concentre-se no texto, excluindo todas as outras coisas. Evite todas (todas!) as interrupções. Medite sobre o texto na presença do Senhor.
- Adore-O por toda verdade e lição que você percebe.
- Se há alguma parte do texto que você não entende, ore e medite até que a entenda. Se ainda não obteve esclarecimento, leia comentários e outros recursos — mas somente para descobrir o que esta frase ou sentença significa, e nada mais.
- Enquanto você espera em Deus, os pensamentos começarão a surgir, talvez devagar, no princípio. Mas um pensamento despertará outro, que, por sua vez, levará a outro.
- Fique de joelhos até que a passagem inflame sua alma, até que o fogo irrompa, tornando-o impaciente para pregar as verdades que você tomou para si e, especialmente, a "grande ideia", ou seja, o pensamento predominante que resume o assunto do texto.
- Você não pediu uma mensagem. Mas a Palavra de Deus é emocionante, e a orientação de sua mensagem é clara.

3. Comece a escrever

- *Vá à mesa* e faça perguntas ao seu texto. Escreva as respostas. Não tente colocar tudo em uma sequência lógica — isto pode ser feito depois. *Demore-se nesta tarefa*, até fazê-la por completo. O papel não está em escassez, e você pode usar muito papel, se precisar.

- Primeiramente, faça estas perguntas básicas:
    * Qual é o contexto imediato, o mais distante e o histórico?
    * O que este texto significava para o autor e os leitores originais? O que este texto nos diz hoje?
    * O que ele ensina sobre Deus, o Pai, o Filho e o Espírito Santo?
    * O que ensina sobre os homens e suas atitudes em relação a Deus

e em relação uns aos outros?
* Há um bom exemplo a ser seguido ou um mau exemplo a ser evitado?
* Há uma ordem a obedecermos?
* Há uma advertência à qual devemos atentar?
* Há uma promessa que devemos crer e proclamar?
* Há resposta a uma pergunta pessoal ou bíblica?
* Há um ensino a ser guardado no coração?
* Há algum ensino confirmado por outras passagens das Escrituras?

- Agora, faça outras perguntas que julgue necessárias. Existem sugestões em livros sobre pregação.

4. Organize seu material

- Ainda em atitude de oração, faça *um rascunho* das anotações de seu sermão. Isto significa ler as várias folhas de papel nas quais você já escreveu, aproveitando o que elas contém e acrescentando novos pensamentos que certamente surgirão.
- Comece pegando uma nova folha de papel e descrevendo *por que* você pregará esta mensagem. Qual é o propósito? Afirme isto em uma única frase.
- Decida que *forma* o sermão tomará, para cumprir este propósito. Por exemplo, você tem uma ideia a explicar? Uma proposição a comprovar? Um princípio a aplicar? Uma história a contar? Um assunto a completar? Ou o quê?
- Deixe espaço para a *Introdução,* que você acrescentará depois.
- Divida o seu papel em três colunas, intitulando-as *Afirmar, Ilustrar, Aplicar.*
- Na coluna intitulada *Afirmar,* escreva a mensagem que você trará a partir do texto. Não faça outra coisa, até que a estrutura seja clara, simples e natural — uma estrutura suprida pelo próprio texto. Então, encha essa estrutura.

- Recuse-se a escrever um manuscrito completo. Escreva um pensamento em cada linha.
- Concentre-se no ponto principal. Descarte tudo que não serve à "grande ideia".
- Para cada grande verdade escrita, ache ou crie uma ilustração. Escreva-a ao lado da verdade, na coluna intitulada *Ilustrar*.
- Visualize as pessoas que o ouvirão e, na coluna *Aplicar*, escreva uma aplicação ao lado de cada grande verdade ensinada e ilustrada. Será proveitoso subdividir esta coluna em *O que* (fazer), *Como* (fazer), *Por que* (deve ser feito).
- Quando acabar o rascunho, cada uma das três colunas devem estar igualmente cheias.
- Depois disso, escreva uma *Introdução* no espaço que você deixou vazio. Ela tem de despertar o interesse e levar os ouvintes ao assunto do sermão.
- Finalmente, prepare a *Conclusão* da mensagem. Tenha consigo algo que possa lançar ao coração dos ouvintes, de modo a persuadi-los a agir em relação à "grande ideia" do texto. Este é o momento de violência santa.

5. Verifique se o sermão contém os elementos essenciais

- Trabalhe novamente em seu rascunho, retirando ou acrescentando tanto material quanto necessário, à luz dos seguintes elementos essenciais. Não seja mesquinho neste passo vital de sua preparação. *Gaste tempo*.

1. *Exatidão exegética*. A sua mensagem assimila e transmite realmente o *significado intencional* do texto bíblico, focalizando e incutindo o pensamento predominante ("a grande ideia")? Se a exegese está correta, a mensagem atrairá a atenção ao Senhor Jesus Cristo e à sua cruz (Lc 24.27, At 3.24). Use comentários e dicionários para confirmar este ponto.

2. Conteúdo doutrinário. De que maneiras específicas esta mensagem aprimorará o entendimento das pessoas a respeito do sistema de doutrina que as Escrituras ensinam? Avalie todos os pontos doutrinários à luz das confissões de fé históricas da igreja cristã (por exemplo, Confissão Londrina ou a Confissão de Westminster), a fim de assegurar-se de que não há erro ou desequilíbrio doutrinário.

3. Estrutura clara. Você lidou com o material por algum tempo, mas a igreja o ouvirá somente uma vez. A estrutura da mensagem é óbvia, bastante clara e fácil de ser acompanhada? Como regra geral, tenha somente três ou quatro pontos e nenhum subponto. Toda a estrutura está em sujeição ao pensamento predominante? A introdução é breve, interessante, cativante e serve ao que vem depois? A conclusão resume a mensagem e insiste em um veredicto?

4. Ilustrações vívidas. As ilustrações constituem 1/3 da mensagem? Elas são realmente adequadas às verdades que serão explicadas ou às aplicações que serão feitas? Exclua toda ilustração que chama a atenção para você mesmo.

5. Aplicação penetrante. Há aplicações para todas as verdades que serão apresentadas? Elas constituem 1/3 da mensagem? São relevantes àqueles que ouvirão a mensagem? São expressas com amabilidade?

6. Reescreva suas anotações

- Reescreva suas anotações com um aspecto final e melhorado.
- Medite e se esforce para ter uma linguagem *correta*. Torne a sua linguagem concreta e evidente. Escolha palavras simples e claras — muitas delas devem ter poucas sílabas. Faça sentenças breves, contendo apenas um pensamento. Use o pronome "você" sempre que possível.
- Tenha certeza de que incluiu *muitas* perguntas retóricas.
- Considere onde seria útil fazer repetições.

- Ao preparar suas anotações, almeje ter clareza, antes de qualquer outra coisa. As anotações devem ser de leitura fácil.
- Escreva com letras grandes — ou digite.
- Escreva somente em um dos lados do papel.
- Numere as páginas.
- Sublinhe em vermelho os pontos principais e, se houver subpontos, sublinhe-os em azul ou verde.

7. Fale com o seu Deus

- De joelhos, novamente, ore ao seu Deus a respeito das anotações terminadas. Isto é mil vezes melhor do que ensaiar a mensagem!
- Na primeira vez, ore em favor de cada linha da mensagem, pedindo que possa atrair a atenção das pessoas ao Deus triuno e levá-las a nutrir pensamentos sublimes a respeito dEle.
- Na segunda vez, ore em favor de cada linha, pedindo que traga o não-convertido a Cristo e faça o convertido crescer na graça e no conhecimento.
- Este tempo de oração talvez o motive a fazer alterações nas anotações concluídas. Não hesite em fazer isto. Suas anotações não são infalíveis, nem sagradas.
- Continue de joelhos. Escolha os salmos e os hinos. Organize todos os outros detalhes concernentes à ordem do culto.
- O culto deve ser uma totalidade. Tudo que constitui o culto deve estar a serviço e enfatizar o pensamento predominante (ou a "grande ideia") que será proclamada na mensagem.

8. Faça os preparativos finais

- Chegue cedo à igreja.
- Suba à plataforma e familiarize-se com o púlpito, a acústica, o arranjo dos bancos e todas as circunstâncias físicas relacionadas à sua pregação.

- Arrume a sua Bíblia, as anotações, a ordem do culto e o hinário muito antes do início do culto.
- Cumprimente tantas pessoas quanto você puder. Se possível, tenha um momento de oração com os líderes da igreja, antes do início do culto.

9. Faça a sua obra

- A providência de Deus o designou para dirigir o culto e pregar hoje. Portanto, faça-o, em atitude de oração, com autoridade e amor.
- Olhe para os seus ouvintes e fale em voz audível.
- Concentre-se apenas em duas coisas — exaltar o Senhor e santificar as pessoas. O culto e a pregação são apenas os meios para atingir estes grandes objetivos. Não devem ser os objetivos em si mesmos.

10. Retire-se a um lugar secreto

- Algum tempo depois do culto, procure um lugar quieto, para desfrutar de um longo momento de oração particular.
- Traga novamente a ordem do culto, as anotações do sermão e ore a respeito deles.
- Peça perdão a Deus por todos os pontos em você poderia ter feito melhor.
- Ore a respeito de cada verdade anunciada. Peça que as pessoas guardem essas verdades no coração; que isto as leve a nutrir pensamentos sublimes a respeito de Deus; que os não-salvos sejam convertidos; que os convertidos façam progresso significativo no entendimento e na vida espiritual.
- Ore em favor de todas as pessoas específicas que puder lembrar.
- Deixe tudo nas mãos do Senhor — e comece a preparar a próxima mensagem.

* * *

Quanto tempo será gasto na preparação de um sermão? A resposta é: o tempo que for preciso! Quem pode dizer quão rapidamente todas as partes do sermão serão concretizadas e quanto tempo você lutará com Deus, em oração, até que tenha certeza pessoal de que Ele abençoará este sermão, nesta ocasião particular?

Podemos dizer isto: a fim de preparar um sermão de trinta minutos, você precisará, no início, de doze horas, pelo menos. Esta quantidade de horas pode diminuir, e diminuirá, com o passar dos anos. O mínimo de tempo ao qual você precisará dedicar-se é uma hora de preparação para cada cinco minutos pregados.

O método que sugeri enfatiza que os sermões não são um fim em si mesmos. O sermão é tão-somente o *meio* pelo qual Deus é glorificado na edificação dos crentes e na conversão de incrédulos. O método encoraja a meditação demorada no texto, o compromisso franco com a pureza doutrinária, o esforço resoluto de produzir uma estrutura clara, o preparo diligente de ilustrações e aplicações, a revisão constante à luz de um critério definido, a atenção minuciosa ao escrever as anotações, a oração perseverante, a proclamação ousada e o arrependimento pessoal.

Se você seguir este método, o preparo de seu sermão nunca será uma tarefa apressada e incluirá cada elemento exigido para pregações excelentes. Esse tipo de pregação não é a grande necessidade de nossa época?

Notas

1 SPURGEON, C. H. *Lectures to my students*. Second series. London: Passmore & Alabaster, 1882. p. 4.
2 STOTT, John R. W. *I believe in preaching*. London: Hodder & Stoughton, 1982. p. 212.

FIEL
MINISTÉRIO

O Ministério Fiel visa apoiar a igreja de Deus de fala portuguesa, fornecendo conteúdo bíblico, como literatura, conferências, cursos teológicos e recursos digitais.

Por meio do ministério Apoie um Pastor (MAP), a Fiel auxilia na capacitação de pastores e líderes com recursos, treinamento e acompanhamento que possibilitam o aprofundamento teológico e o desenvolvimento ministerial prático.

Acesse e encontre em nosso site nossas ações ministeriais, centenas de recursos gratuitos como vídeos de pregações e conferências, e-books, audiolivros e artigos.

Visite nosso site

www.ministeriofiel.com.br

Esta obra foi composta em Arno Pro Regular 12, e impressa
na Promove Artes Gráficas sobre o papel Polen 70g/m², para
Editora Fiel, em Maio de 2025.